Ursula Pommer

Mutterwahn und Vatertic - Altersunterschiede in der Partnerschaft

Umschlaggestaltung: Reinhard Siemes / Albert Kohlmeier
Druck: Pestalozzi-Druck, Stockach
Bindearbeiten: F. Göttermann, München
Printed in Germany,
ISBN 3-88453-000-3

Ursula Pommer

Mutterwahn und Vatertic

Altersunterschiede in der Partnerschaft

Noack-Hübner Verlag

Vorwort

Der ältere Mann, der sich eine um zehn Jahre jüngere Frau nimmt, war und ist eine Selbstverständlichkeit. Die ältere Frau hingegen, die sich für einen um ebensoviele Jahre jüngeren Partner entscheidet, ist eine zweifelhafte Person. Die getuschelten Urteile über sie lauten verschieden: Entweder ist sie sexuell enthemmt, nicht schicklich und daher nicht weiblich, oder man gesteht ihr achselzuckend als mildernden Umstand einen „Mutterkomplex" zu. Auf jeden Fall kippt sie aus dem Rahmen des Üblichen und macht sich verdächtig, während ihr jüngerer Partner der Verachtung oder dem scheinheiligen Mitleid seiner Umwelt preisgegeben ist.

Ist das Paar prominent, wird ihm ein gewisses Sonderrecht eingeräumt, allerdings nicht ohne entschuldigenden Hinweis, etwa, daß er, obwohl um so viel jünger, doch so außergewöhnlich sei und sie, so bedeutend, so viel jünger wirke.

Als ehernes Gesetz durch die Jahrtausende gilt in unserer Männergesellschaft bis zum heutigen Tage, daß die Frau jünger zu sein habe als der Mann – sie hatte zu gebären – und die Lebenserwartung des Einzelnen war nur kurz.

Heute haben sich die biologischen Fakten geändert, Partnersuche basiert nicht mehr auf dem Zweckmäßigkeitsprinzip der Arterhaltung und Familiengründung, sondern vorwiegend auf dem Lustprinzip. Der Anspruch des älteren Mannes auf eine wesentlich jüngere Partnerin kann sich daher nicht mehr von dem Wunsch nach Nachkommen herleiten. Der Einwand, Männer könnten im höheren Alter noch zeugen, während die Gebärfähigkeit der Frau im fünften Jahrzehnt aufhöre, kann nicht mehr gelten. In relativ hohem Alter noch ein Kind in die Welt zu setzen mit der Aussicht, in absehbarer Zeit eine Halbwaise zurückzulassen, ist verantwortungslos.

Es geht dem älteren Mann, der auf seinem Recht nach der sehr viel jüngeren Frau beharrt, nicht mehr ums Zeugen. Es geht ihm um die Anregung seiner nachlassenden Potenz. Dagegen wäre nichts einzuwenden, wenn dabei nicht mit zweierlei Maß gemessen würde. Die Orgasmusfähigkeit der Klitoris nämlich bleibt erhalten, unabhängig von der weiblichen Fähigkeit zu empfangen und zu gebären. Die Frau bedarf insofern weniger als der Mann der Stimulanz, als vielmehr – da sie den Höhepunkt stets erreichen kann – den weniger rasch ermüdbaren Partner, den jüngeren Mann.

Auch ihr Anspruch ist also biologisch gerechtfertigt. Er wird ihr bloß nicht zugestanden. Der „umgekehrte" Altersunterschied ist auch in unserer sexuell so aufgeklärten Zeit immer noch ein Schock.

Dennoch besagen die Statistiken, daß die Zahl der Ehen, in denen der Mann jünger ist als seine Frau, ständig zunimmt, und – ihre Scheidungsquote ist, gleichfalls statistisch nachgewiesen, geringer als etwa bei gleichaltrigen Paaren. Allein in der Bundesrepublik gibt es 49.000 Ehen mit dem sogenannten „verkehrten" Altersunterschied. Die Zahl der nicht legalisierten Beziehungen zwischen älteren Frauen und jüngeren Männern ist statistisch leider nicht erfaßbar, daß sie ebenso zunimmt, ist so gut wie sicher.

Es gibt eine Anzahl biologischer und soziologischer Fakten, die zu Gunsten der Frau sprechen. Sie darzulegen ist Anliegen dieses Buches, ebenso wie das Bemühen, sich mit festgefahrenen Vorurteilen auseinanderzusetzen und n e b e n den bisher geltenden Normen für Altersunterschiede in der Partnerschaft, auch noch anderen Möglichkeiten Geltung zu verschaffen. Um Mißverständnissen vorzubeugen: Ich verurteile zwar die Ausschließlichkeit eines immer noch einseitigen Privilegs, setze dem jedoch keine Ausschließlichkeitsthese entgegen. Diese oder jene Alterskombination m u ß nicht, aber sie kann so oder so sein. Das heißt, wer will, soll tun dürfen, wonach es ihn drängt. Die junge Frau, die sich zum sehr viel älteren Partner hingezogen fühlt, ohne von der Vorstellung beeinflußt zu sein, daß die Gemeinschaft der jüngeren Frau mit dem älteren Mann gott- und naturgewollt sei, soll ihn haben. Aber die ältere Frau, die dem Werben des jüngeren Mannes nachgibt, soll zumindest auch unangefochten tun dürfen, wonach es sie drängt und zwar nicht nur geduldet, sondern voll anerkannt.

Inhaltsverzeichnis **Seite**

Damit die Frau als Geschlechtswesen
das gleiche Recht bekommt wie der Mann,
muß sie zuerst in sich selbst einen
Wandel der Gesinnung vollziehen.

Arno Plack

I. Die Männergesellschaft und ihre Normen

„Je verdorbener ein Zeitalter ist,
desto mehr Verachtung der Weiber."
Jean Paul (Levana)

1. Männlicher Anspruch und weibliche Anpassung

„Dienen lerne beizeiten das Weib
nach ihrer Bestimmung . . ."
Goethe

So und nicht anders sieht die Einordnung der Frau auf der männlichen Wertskala aus. Sie gilt auch heute noch. Rücksichtslos mißbrauchte der Mann die Tatsache seiner größeren Muskelkraft, um grundsätzliche „Stärke" daraus herzuleiten. Und immer noch geistert die Vorstellung männlichen Vorranges durch unser Alltagsleben - Politik, Familie, Beruf. Die vielzitierte Gleichberechtigung der Frau, wenn auch in einigen Teilen gesetzlich verankert, ist überwiegend eine papiernes, keineswegs ein praktiziertes Recht.

So entstand im Ablauf von Jahrtausenden der Mythos vom „schwachen Geschlecht". Das Recht des Stärkeren darauf aufzubauen, war ein Leichtes. Durch Gesetzgebung wurde die Frau bewegliche Habe ihres Mannes, eine Sache, über die er nach Belieben verfügen konnte, die er bei Nichtgefallen als Lustobjekt oder bei Versagen als Arbeitskraft und Gebärmechanismus, verstoßen oder vernichten konnte. Noch im Mittelalter galt die Frau als „Fahrhabe" des Mannes, ein Mehrzweckgebrauchsgegenstand für den Ehe-H e r r n. Die Unerbittlichkeit, mit der eine Frau aus der Autorität des Vaters entlassen, sogleich in die des Ehemannes verwiesen, gelenkt und nach Gutdünken bestraft wurde, ist in allen Kulturkreisen auf Mythen- und Religionseinflüsse zurückzuführen. In der jüdisch-christlichen Religion legt die Geschichte von der Vertreibung aus dem Paradies Adams „verführte" Unschuld und Evas „lüsterne" Schuld ganz klar dahingehend aus, daß der Mann von Grund auf wertvoll, die Frau jedoch minderwertig sei. Wenn Adam auch seiner vorübergehenden Schwäche wegen durch Gottvaters Verfügung von nun an arbeiten soll „im Schweiße seines Angesichts", so hatte er doch gleich eine Arbeitskraft zur Seite, die sich in der Folge durch alle Zeiten hindurch als sehr brauchbar erwies - Eva. Ihr, der Verführerin, wurde, um die Arbeitsteilung gleich festzulegen, bestimmt: „Er soll dein Herr sein!" Das ließ sich Adam nicht zweimal sagen. Auch dafür, daß Eva „in Schmerzen gebären solle" war durch ihn vollauf gesorgt. Gebären zu lassen war bis zur Erfindung der Pille ein dringendes männliches Anliegen, galt doch die Zahl der Nachkommen als augenfälliger Beweis von Manneskraft. Außerdem wuchsen die Kinder, je mehr, desto besser, zu Arbeitskräften und zur Altersversorgung heran. Der Geschmack des Paradiesobstes hatte Adam und allen seinen Nachkommen unstillbaren Appetit auf „mehr" erweckt. Und gerade das nehmen sie den Frauen allesamt übel. Von allerhöchster Stelle gebilligt, nahm Adam sich nunmehr das Recht auf das Objekt, das seinen immerwährenden Appetit auf Lust stillte - die Frau. Und er nahm die eigene Unersättlichkeit zum Anlaß geschickter Entschuldigung. Konnte er denn dafür? Setzte Eva ihre verwerfliche Lockung, die zur Vertreibung aus Eden geführt hatte, nicht auch außerhalb des Paradieses fort? Hatte sie ihre freundschafliche Beziehung zur Schlange, dem Prinzip alles Bösen, überhaupt jemals gelöst? Das Böse, selbst wenn ihm, auf göttliches Geheiß hin, von Adam der Kopf zertreten worden war, hatte offensichtlich überlebt. War es nicht immer gegenwärtig - in der Gestalt der Frau?

Die alttestamentarischen Symbolbedeutungen - obwohl auch als Symbol unfreundlich genug - wurden vom Christentum kritiklos und buchstäblich übernommen - als bewiesene Realität. Aus dem Sündenfall-Mythos resultiert der Frauenhaß des Christentums. Er wird nur noch von der Frauenverachtung des Islams übertroffen.

Nachdem, gottlob, der Urquell aller Sünden mit Sicherheit festgestellt worden war, konnte sich der Mann mit erleichtertem Gewissen daran laben. Immer wenn er weiblichen Reizen erlag war er ein schuldlos Verführter . . .

Für die Macht ihrer sexuellen Anziehungskraft, die die Frau auf den Mann ausübt, wird sie in allen patriarchalischen Gesellschaften aller Kulturkreise gehaßt und - uneingestanden - gefürchtet. Um das männliche Selbstbewußtsein, das sie so vielfach erschüttert, wieder herzustellen, gibt es nur eine Möglichkeit, sie zu entwürdigen. Ihr Körper wurde ihr Schicksal, ein Mittel zum Zweck. Seele und Geist wurden ihr abgesprochen. Was blieb, war ein „Gefäß der Sünde". Weibliche Urteilskraft und auf sich selbst gerichtete Empfindungen, wie Sehnsucht nach Entfaltung und persönlicher Freiheit oder gar nach eigener Lust, wurden geleugnet, schleunigst im Keime erstickt - verboten. Damit rächte sich der Mann für seine schaudernde Angst vor dem aufnehmenden, bewahrenden und gebärenden Mutterschoß, dem unergründlichen Geheimnis, von dem er ausgeschlossen blieb.

Um dem unerträglichen Druck des Männerrechts auszuweichen und halbwegs unbeschadet überleben zu können, übte sich die Frau erfolgreich in der Kunst der Verstellung. Die sogenannte „weibliche List", geschmäht und viel zitiert, ist nicht angeboren, sondern anerzogen. Im Patriarchat gab und gibt sich die Frau, so wie sie gewünscht wird: gefügig. Dies wiederum bestärkt den Mann, immer wieder aufs neue in seiner Einstellung, die sich im Grunde genommen bis heute nicht, oder nur geringfügig, geändert hat.

„Ein Weib ist ein schwach Gefäß und Werkzeug", meinte der Reformator Martin Luther stellvertretend für alle Männer, nicht nur seiner Zeit. „Weibern mangelts an Stärke und Kräften des Leibes und Verstandes . . ." Und als Verkünder des Wortes Gottes weiß er auch sofort warum: „Da Gott Adam zum Herrn über alle Creaturen gesetzt hatte, da stund es Alles noch wol und recht, und Alles war auf das Beste regiret; aber da das Weib kam und wollte die Hand auch mit im Sode haben und klug seyn, da fiel alles dahin und ward eine wüste Unordnung . . ." (D. Savramis, „Das sogenannte schwache Geschlecht", Zitat ebd.)

Doch immerhin lobt Luther seinen so mühsam erkämpften Ehestand und kommt zu beachtlicher Einsicht: „Wolan, wenn man dies Geschlecht, das Weibervolk, nicht hätte, so fiele die Haushaltung und Alles, was dazu gehöret, läge darnieder . . ." (Zitat s.o.) Doch weiter geht die Unentbehrlichkeit der Frau nicht. Dem Manne dienend, ganz auf den Gebieter ausgerichtet, darf sie zumindest als Hüterin des Hauses bescheidene Existenzberechtigung für sich in Anspruch nehmen. So lange sie jung, glatt und fruchtbar ist, ist sie ein „schöner Besitz". Als herzeigbares Objekt, nicht als sich äußernde Persönlichkeit, wird sie für den Mann zum Bestandteil sozialen Ansehens. Hold soll sie sein, was gleichzeitig Sanftmut impliziert, voller Anmut, und natürlich tugendhaft – die züchtige Hausfrau, die Mutter pausenlos aufeinanderfolgender Nachkommen. Im ehelichen Bett ist sie geduldiges, passives Werkzeug, ohne Recht selbst Lust zu empfinden – eine Un-person. Im England des 17. Jahrhunderts gab es eine bezeichnende juristische Formulierung, die die verheiratete Frau „tot im Gesetz" nannte.

Dieser ungeheure männliche Anspruch auf Selbstaufgabe der Frau wurde von ihm zur „Bestimmung des Weibes" umgedeutet. Doch bei dem Übermaß an auferlegter Tugend mußten allmählich, trotz der Willfährigkeit der Gemahlin, die Freuden des Ehebetts ziemlich fad geworden sein. Da das Recht des Mannes auf sexuelle Freizügigkeit, trotz kirchlichen Verbots des Ehebruchs, immer schon bestand, konsumierte er käufliche Liebe, wann immer es ihm danach gelüstete. Eine Teilung des Frauenbildes erwies sich als praktisch: hier die Mutter, dort die Dirne. Die eine zum Inventar seines Hauses gehörig und daher ehrbar, die andere jedermanns Eigentum auf Zeit und daher schlechter zu behandeln als ein Haustier. Aber trotz dieses klaffenden Unterschieds zwischen „Ehrbarkeit" und „Verwerflichkeit" blieben beide doch nur Frauen und standen insofern hinter dem Wert eines Mannes weit zurück. Als Eigenwesen galt k e i n e Frau etwas, eine jede bezog ihren Wert nur durch den Mann.

Die Anteilnahme der Frau am öffentlichen Leben war jahrhundertelang unmöglich. Ihr blieben, soweit sie „ehrbar" war, nur die vier „K's" als Lebensinhalt: Kirche, Kinder, (Schlaf-)Kammer, Küche. Nur auf allerhöchster sozialer Ebene, als regierende Fürstin, hatte sie Anteil an der Männerwelt, genoß Eigenständigkeit, Befugnis zu Macht und Respekt.

Auch die Frauen des nicht ganz so ranghohen Adels, sofern sie an einem Fürstenhof oder auf einer Ritterburg lebten, konnten mit einer bestimmten Form männlichen Respektes rechnen – der Galanterie, einer nach festgelegten

Regeln dargebrachten, distanzierten Höflichkeit. Dies war jedoch nicht gleichbedeutend mit Gewähr von Freizügigkeit Frauen gegenüber. Auch die Edelfrau unterstand unabdingbar dem Willen ihre Ehemannes – und wehe, wich sie vom vorgeschriebenen Weg der Tugend ab!

Mitte des zwölften Jahrhunderts kam erstmalig eine besondere Kunstform auf, das schwärmerische Liebeslied, das Frauenschönheit besang und von der Sehnsucht unerreichbarer Liebe berichtete – der Minnesang.

Fahrende Ritter, Dichter und Komponisten ihrer eigenen Lieder, zogen singend und rezitierend von Burg zu Burg und waren wohl auch gelegentlich vorübergehend an einem Fürstenhof im Dienst.

Die solcherart sich entwickelnde übersteigerte Frauenhuldigung hatte durchaus keinen Bezug zur Realität des Ehealltags der besungenen Dame. Als Liebespartnerin war sie für den Sänger unerreichbar. Der Lohn für den Anbeter war nichts als ein Blick, den die „hohe frouwe" ihm zuwerfen, ein anerkennendes Lächeln, das sie ihm schenken durfte, wenn er aus einem Turnier – ihr zu Ehren – als Sieger hervorging. Denn der Minnesänger adligen Geblüts war nicht nur in der Dicht- und Sangeskunst bewandert, sondern, wie es sich für einen Ritter gehörte, auch im Waffenhandwerk erfahren. So hatte die Minne-Schwärmerei per distance einen gewissen erzieherischen Einfluß auf das Dasein eines Ritters, den es, allein um ihrer Anerkennung willen, zu ritterlichen Heldentaten trieb. Den Minnedienst in aller Unschuld entgegenzunehmen, gehörte zum tröstlichen Zeitvertreib der Edeldamen – eine schöne Illusion . . . Der Bürgersfrau blieb außer gottwohlgefälliger Frömmigkeit und der Hoffnung auf Gottes Gnade, keine Illusion.

Aus alledem folgt, daß den Frauen vor allem der Mittelschicht, in der ihnen gewaltsam diktierten Unterlegenheit, Wissen nicht zugebilligt werden konnte. Das wesentlichste Merkmal jeder Unterlegenheit ist Mangel an Information. Die Frau in Unwissenheit zu halten, war darum bis ins 20. Jahrhundert das dringendste Anliegen des Mannes – begreiflicherweise: Wissen vermittelt Erkenntnis, Erkenntnisse schaffen Veränderungen, und an nichts war dem Mann im Glanze seines Patriarchats weniger gelegen. So wurde weibliches Lern- und Erfahrungsbedürfnis nicht nur in Abrede gestellt, es wurde ihm durch passende Verbote von vornherein ein Riegel vorgeschoben. Die Frau wurde mit dem Hinweis auf ihren mangelnden Verstand ahnungslos gehalten.

Nicht geübter Geist bleibt eingeschränkter Geist, was wiederum den Mann in seiner Theorie von der hirnlosen Frau bestätigt. Es ist auch heute noch in patriarchalischen Gesellschaften für die Überzahl aller Frauen in der Welt nicht anders: „Davon verstehst du nichts . . . !"

„Unwissenheit sei die Tugend des Weibes", sprach schon Konfuzius. Die Verunsicherung der Frau entspringt der Einschnürung ihrer geistigen Fähigkeiten, die der Mann, wo immer auch, nur ungern zum Tragen kommen läßt, auf daß seine Welt mit ihren zahllosen Vorrechten nicht ins Wanken gerät.

Außer in hauswirtschaftlicher Unterweisung war die Frauenausbildung jahrhundertelang gleich Null und Analphabetentum in den unteren Schichten der weiblichen Bevölkerung keine Seltenheit.

Jean Jaques Rosseau, französischer Dichter und Philosoph des 18. Jahrhunderts, sprach allen Männern mit einer Forderung aus dem Herzen: „Die Erziehung der Frauen soll auf die Männer abgerichtet (!) sein. Ihnen zu gefallen, ihnen nützlich zu sein, sich ihnen liebenswert zu machen, sie zu erziehen, wenn sie noch Knaben, sie zu umsorgen, wenn sie erwachsen sind, ihnen mit Rat beizustehen, ihnen das Leben angenehm zu machen – all das sind zu jeder Zeit die Pflichten der Frauen, und dies sollten sie von Kindheit an lernen." (L'Emile or a Treatise on Education hrsg. v. W.H. Payne)

Danach verhielt sich das beginnende 19. Jahrhundert bis zur Jahrhundertwende, und, wenn man sich nur ein wenig kritisch umschaut, auch noch weit darüber hinaus. Statt sich aber auf dem bescheidenen Platz der Hausfrau und Mutter still zu verhalten, fiel es doch tatsächlich in den beiden letzten Jahrzehnten des vorigen Jahrhunderts einigen von diesen „hirnlosen Geschöpfen" in unserem Lande ein, aufzubegehren und das Frauenstudium zu fordern! Ein Sturm männlicher Entrüstung über diese „Emancipationsbestrebungen" brach los. Die Widerstände, die die mutigen Vorkämpferinnen für Bildungsgleichberechtigung zu überwinden hatten, waren beispiellos. Einige gaben auf, andere wieder zogen nach Zürich, wo die Universität, in einer Aufwallung liberaler Einsicht, weiblichen Studenten Einlaß gewährte.

Dennoch oder gerade darum feierte männliche Ignoranz und Gehässigkeit wahre Orgien. Schriftsteller, Philosophen und Wissenschaftler, kluge Männer, wie man meinen sollte, schäumten vor Haß und Verachtung und brachten Unglaubliches zu Papier:

„Das Weib will selbständig werden: und dazu fängt es an, die Männer über das Weib aufzuklären, das gehört zu den schlimmsten Fortschritten der allgemeinen Verhäßlichung Europas", tobte Otto Weininger, jugendlicher Philosoph aus Österreich. „Denn was müssen diese plumpen Versuche der weiblichen Wissenschaftlichkeit und Selbst-Entblößung alles ans Licht bringen! Das Weib hat soviel Grund zur Scham."

Und weiter in einer Schmoll-Attitüde, die man sonst eigentlich als „typisch weiblich" bezeichnet: „Wir Männer wünschen, daß das Weib nicht fortfahre, sich durch Aufklärung zu kompromittieren . . ."

Ja, nun war man nicht mehr unter sich – eine neue Bedrohung der Männergesellschaft durch die Frau rückte heran, Anlaß für Weininger, die Frau auf ihren Platz zu verweisen. Er hält es für erwiesen, daß „das echte Weib mit der Emancipation des Weibes nichts zu schaffen habe", und fährt mit bewundernswerter Sachlichkeit fort, daß das wissenschaftliche Resultat längst vorweggenommen sei mit dem Sprichwort: „Je länger das Haar, desto kürzer der Verstand."

Wenn das nicht ein vorbildlich objektiver Rückschluß ist! Für Weininger steht es fest, daß, was die emanzipierten Frauen anbelangt, es nur „der Mann in ihnen ist, der sich emancipieren will." Solche Frauen sind nach seinem Dafürhalten nichts weiter als sexuelle Zwischenformen, und er bricht in den erbitterten Ruf aus: „Weg mit der unwahren Revolutionierung! Weg mit der ganzen Frauenbewegung, die in so vielem widernatürliches und künstliches im Grunde verlogenes Streben schafft!"

Das Privileg des Mannes auf die sehr viel jüngere Partnerin ist bereits zu diesem Zeitpunkt keineswegs mehr biologisch zu begründen. Vielmehr sagt sich die kaum verhohlene Männerangst vor dem „Aufbegehren der Weiber": Je jünger sie ist, desto besser ist sie zu bevormunden.

Zur gleichen Zeit fühlte sich in Mitteldeutschland ein Neurologe dazu berufen, der Menschheit über „den physiologischen Schwachsinn des Weibes" die Augen zu öffnen. J. P. Möbius' schmales Bändchen ist, was er gewiß nicht beabsichtigt hatte, mittlerweile zu einer Quelle der Heiterkeit gediehen. Auch ihm muß die Angst vor der emanzipierten Frau schlaflose Nächte bereitet haben. Um die Gefahr zu bannen, schrieb er einen Bestseller. Die Zustimmung seiner Geschlechtsgenossen ging durchs Land wie Donnerhall.

Sätze wie die folgenden sind kennzeichnend für die Situation der Frau als Widerpart des Mannes vor nur knapp achtzig Jahren:

„Kraft und Drang ins Weite, Phantasie und Verlangen nach Erkenntnis würden das Weib nur unruhig machen und in ihrem Mutterberuf hindern. Also gab sie die Natur ihr nur in kleinen Dosen. Ebenso wie ein verständiger Mann sich zur Pflege seiner kleinen Kinder nicht ein gelehrtes Frauenzimmer aussuchen wird, so stellt die ewige Weisheit nicht neben den Mann noch einen Mann mit einem Uterus, sondern das Weib, dem sie alles zu seinem edlen Berufe Nöthige gab, dem sie aber die männliche Geisteskraft versagte. Nach alledem ist der weibliche Schwachsinn nicht nur vorhanden, sondern auch nothwendig, er ist nicht nur ein physiologisches Factum, sondern auch ein physiologisches Postulat. Wollen wir ein Weib, das ganz seinen Mutterberuf erfüllt, so kann es nicht ein männliches Gehirn haben. Ließe es sich machen, daß die weiblichen Fähigkeiten den männlichen gleich entwickelt würden, so würden die Mutterorgane verkümmern, und wir würden einen häßlichen und nutzlosen Zwitter vor uns haben. Jemand hat gesagt, man solle vom Weibe nichts verlangen, als daß es „gesund und dumm" sei. Das ist grob ausgedrückt, aber es liegt in dem Paradoxen eine Wahrheit. Übermäßige Gehirntätigkeit macht das Weib nicht nur verkehrt, sondern auch krank. Wir sehen das leider tagtäglich vor Augen. Soll das Weib das sein, wozu die Natur es bestimmt hat, so darf es nicht mit dem Mann wetteifern. Die modernen Närrinnen sind schlechte Gebärerinnen und schlechte Mütter. In dem Grade, in dem die „Civilisation" wächst, sinkt die Fruchtbarkeit, je besser die Schulen werden, umso schlechter werden die Wochenbetten, umso geringer wird die Milchabsonderung, kurz, umso untauglicher werden die Weiber."

Und das Lamento steigert sich zu schrillem Crescendo:
„Man soll alles unterlassen, was dem Weibe als Mutter nachteilig ist. Da ist vor allem die Erziehung der Mädchen. Man hat geglaubt, Gutes zu tun durch Errichtung höherer Töchterschulen, in denen den Mädchen eine allgemeine Bildung beigebracht werden soll. Neuerdings möchte man sogar Mädchengymnasien haben. Das Beste wäre, die „höheren Schulen" samt und sonders niederzureißen. Der Erfolg ist ohnedies gering. Das Üble aber ist, daß die Mädchen in ihnen nervös und schwächlich werden. Sie lernen, was sie nicht brauchen, sie bekommen dabei Kopfschmerzen, das aber, was sie brauchen, lernen sie nicht . . ."

Das Kapitel über den Unfug der Frauenbildung in Möbius' Nachweis „Über den physiologischen Schwachsinn des Weibes" endet mit der kategorischen Aufforderung: „Schützt das Weib vor dem Intelectualismus!"

Abgesehen von der Ausbildungsfrage war außerhäusliche Berufstätigkeit für Frauen der oberen Gesellschaftsschichten ganz und gar verpönt. Allenfalls war es einem jungen Mädchen „von Stande" gestattet, wenn die Familie durch unglückliche Umstände verarmt war, die Gesellschafterin alter Damen zu sein, Erzieherin in Adelshäusern oder ausnahmsweise auch Lehrerin in einer Mädchenschule. Die Töchter der unteren Schichten und aus bäuerlichen Familien gingen „in den Dienst". Sie wurden Dienstboten, Verkäuferinnen, Näherinnen und Modistinnen oder Arbeiterinnen in Werkstätten und Fabriken.

Schritt für Schritt gelangten bildungswillige Frauen dennoch zu den Universitäten, wenn diese auch nur zögernd weibliche Studenten aufnahmen. Die ersten Akademikerinnen gab es bereits um die Jahrhundertwende, Philologinnen, Ärztinnen, selten Naturwissenschaftlerinnen. Naturwissenschaften wurden ebenso wie die Jurisprudenz noch lange Zeit als „männliche Domäne" gegen weibliche Eindringlinge mit den törichtsten Argumentationen (siehe Möbius) verteidigt.

Die beiden Weltkriege dieses Jahrhunderts veränderten notgedrungen die Szene. Allein ökonomische Gründe gaben den Ausschlag für neue Möglichkeiten, sich als Frau in einem „Männerberuf" zu bewähren.

Auch heute gibt es im Berufsleben nicht einzusehenden männlichen Widerstand gegen Frauen in bestimmten Berufen, die nach wie vor als den Männern vorbehalten gelten. Der Beruf der Politikerin auf Regierungsebene wird Frauen immer noch versagt, von typisch „weiblichen" Ressorts, wie dem Familien- und Gesundheitswesen, einmal abgesehen. Selbst die Besetzung eines Repräsentationsposten, wie dem des Bundestagspräsidenten, durch eine Frau, rief in Männerkreisen erst Verstörtheit hervor, die allmählich herablassender Nachsicht Platz machte.

Leitende Stellungen in der Industrie sind äußerst selten von Frauen besetzt. Eine Durchdringung technischer Berufe in Praxis und Forschung durch Frauen gibt es dafür, nach sowjetrussischem Muster, in der DDR, was beweist, daß nicht mangelndes Interesse oder fehlende Begabung Frauen keine technischen Berufe ergreifen läßt, sondern lediglich Vorurteile ihnen den Weg dahin verbauen. Die Pilotin oder der weibliche Kapitän zur See sind hierzulande absolute Rarität.

Auch die handwerklich-technischen Berufe sind bisher jungen Mädchen so gut wie verschlossen, weil Werkstätten sich weigern, weibliche Lehrlinge aufzunehmen. Sechs im Sommer 1978 vom Bildungsministerium gestaltete Modellversuche in der Metall-, Elektro-, Textil- und Druck-Industrie mit dem Ziel, „Männerberufe" an Schraubstock und Maschine auch Mädchen zugänglich zu machen, endeten dafür mehr als zufriedenstellend für die Initiatoren, die sich den zweifelnden Arbeitsämtern und Betrieben gegenüber erst mühsam hatten durchsetzen müssen. Eine hohe Kostenbeteiligung des Bundes an der Einrichtung dieser Versuchsarbeitsplätze in Höhe von 75 % hatte dem Zögern der Betriebe vermutlich etwas nachgeholfen. Nach Abschluß der ersten Versuchsphase stellte sich heraus, daß die Mädchen exakter, wenngleich etwas langsamer arbeiteten und ordentlicher, geschickter und ehrgeiziger waren, wodurch die männlichen Kollegen unerwartet unter Leistungsdruck gerieten. Von 130 Mädchen, die am Versuch beteiligt wurden, waren 128 begeistert und nur zwei lösten den Lehrvertrag wieder.

Weibliches Selbstbewußtsein bedarf heute wie eh und je der Stärkung. Unsicherheit und der Wunsch nach Billigung läßt die Frauen immer wieder resignieren. So verhindert weibliche Anpassung, in Jahrtausenden geübt, auch heute noch Veränderungen zugunsten der Frauen. Immer noch räumen Frauen mehr oder weniger kritiklos Männern auf allen Ebenen das Recht der Vorrangigkeit ein. Die Umfrage einer Frauenzeitschrift ergab, daß der Mann zum Aufsehen unter dessen Schutz man sich begeben möchte, immer noch das Idealbild der meisten jungen Frauen ist - der Mann, der, durch was auch immer, imponiert. Weibliche Wünsche zementieren männliche Vorrechte und die Forderung des Mannes nach Bewunderung findet allemal ihre Erfüllung. Um „IHM" zu gefallen fügt sich ein Großteil der heutigen Frauen, wenn auch in zeitgemäßen Variationen, so doch im Grunde nach dem alten Patriarchenmuster, ins geforderte Klischee, denn, so stand vor kurzem in einer bundesdeutschen Illustrierten zu lesen: Der Trend des Jahres 1979 geht zur „lockenden Frau als klassischem Lustobjekt". Sie ist sozusagen die Wegwerf-Gespielin, statt der ebenbürtigen Gefährtin. Die Werbeindustrie, die bei der Gestaltung dieses uralten Frauenbildes eifrig mitmischt, weiß auch, was ihre männlichen Kunden wünschen: „Haut statt Hirn!" Das ist - glauben sie - umso eher der Fall, je jünger sie ist - ein kuscheliges Betthäschen für den älteren Herrn.

Solange Frauen Anpassung bequemer finden als die Bemühung um geistige Freiheit, solange sie sich durch althergebrachte Konventionen in ihrer persönlichen Lebensführung und in ihren Entscheidungen verunsichern lassen, kann den hier dargestellten, immer noch nicht unmodern gewordenen Normen der Männergesellschaft eine lange und sichere Zukunft vorausgesagt werden.

2. Partnerschaft so oder so – Geschichtliche Beispiele

Die Menschen der Vorzeit haben in den seltensten Fällen erfahren, was „Alter" ist. Die Lebenserwartung lag nach Berechnung der Anthropologen aus Knochenfunden etwa bei neunzehn Jahren. Der Zusammenhang zwischen Zeugung und Geburt war nicht bekannt. Die Menschen, in einer mörderischen Wildnis nur mit den allergeringsten Hilfsmitteln ausgestattet, aufeinander angewiesen, lebten in Horden, in wahlloser Geschlechtsbeziehung und ohne besondere Bindung. Vaterschaft war kein Begriff, aber Frauen wurden Mütter. Die Männer sahen staunend das Wunder der Geburt, Grund zu Furcht und Verehrung. Davon zeugen vorgeschichtliche Funde: Frauenstatuetten mit überbetontem Bauch und schwellenden Brüsten, nicht zur Hervorhebung der Sexualität, sondern Symbole der Fruchtbarkeit. So regierte, bevor sich der Mann seiner Zeugungskraft bewußt wurde, die große Mutter, gleichgesetzt mit der „Mutter Erde", die hervorbringt und, im Wechsel von Geburt und Tod, auch vergehen läßt. Aber nicht nur in der Urzeit, auch in früher geschichtlicher Zeit war vermutlich zuerst die Muttergottheit Gegenstand der Verehrung. Die früheste uns heute bekannte Religion, die der Sumerer, verehrte vor allen anderen Gottheiten eine „Große Mutter".

Das Mutterrecht der frühen Menschheitsgeschichte, in einigen Teilen der Welt noch heute erhalten, leitet sich aus der Tatsache her, daß die Gewißheit der Abstammung nur in der Person der Mutter liegt. Daraus entwickelte sich tausende von Jahren später, als es bereits die Familie gab, der Zugehörigkeitsnachweis zu ihr in der Verfolgung der mütterlichen Linie. Die Mutter nahm den ersten Rang ein, der Vater galt als nicht verwandt. Sein Name stand deshalb hinter dem Namen der Mutter zurück: Als bevorzugte Nachkommen galten die Töchter vor den Söhnen. So ist ein, offenbar friedliches, Zusammenleben mit umgekehrten Vorzeichen möglich gewesen. Nicht das „eingeborene Wesen" von Mann oder Frau, sondern die eingeübte, aus den Umständen erwachsene Sitte bestimmte das Zusammenleben der Geschlechter in den verschiedenen Kulturepochen.

Wieder sehr viel später, ungefähr um das sechzehnte vorchristliche Jahrhundert, ging es in von Frauen gelenkten, ausschließlich aus Frauen sich zusammensetzenden Gemeinschaften nicht ganz so friedlich zu. Zwischen Kaukasus, Kleinasien und Griechenland, über die verschiedenen Landstriche ungleich verteilt, bildeten sich aus kriegerischen Stämmen eigenständige, wohlausgerüstete Frauenheere zu Pferde. Unter Anführung einer Königin zogen sie in mörderische Eroberungskriege, um ihre Eigenständigkeit weiter auszubauen.

Sie unterwarfen sich die Kaukasusvölker und die albanischen Bergstämme und ließen sich nach blutigen Siegen schließlich am Flusse Thermodon nieder, der, weil er ins Mittelmeer mündete, für ihre kriegerischen Absichten besonders geeignet schien.

Die Amazonen sind zu ihrer Zeit berüchtigt wegen ihrer Härte und ihrer Unerbittlichkeit im Kampf, diese Frauen, denen bereits im Kindesalter die Drüse der rechten Brust mit glühenden Eisen ausgebrannt wird, damit sie später die doppelte Streitaxt besser führen können. Männer-Verächterinnen sind sie, die nur zu flüchtiger Begattung einen Mann an sich heranlassen, um ihn sofort danach wieder zu verabschieden. Die Töchter aus diesen Begegnungen ziehen sie auf, die Söhne schicken sie an den Stamm des Vaters zurück, falls das Kind Glück hat. Andere männliche Säuglinge werden durch Auskugeln einer Hand oder einer Hüfte zu Krüppeln und damit unschädlich gemacht. Herangewachsen, hüten sie die weiblichen Kinder, tun Dienst im Hause, spinnen und werkeln und sind gering geachtete Sklaven, die keines Blickes gewürdigt werden. Fast sind die männlichen Nachkommen weniger beklagenswert, die konsequent, gleich nach der Geburt, getötet werden.

Kriegführen, Städtegründen ist die selbstgestellte Aufgabe der Amazonen. Zu Liebe und Mutterschaft haben sie keine Zeit. Sie benutzen den Mann nur als Besamer. Partnerschaft mit ihm wäre ihnen verächtlich.

Das Amazonenreich fällt nach kurzer Blütezeit zurück in die Nacht der Geschichte, aber nicht in die Vergessenheit. Noch heute ist im mittelmeerischen Raum die Amazonensage lebendig.

Bereits zur gleichen Zeit, in der die Frauenheere zu Kampf und Eroberung ausschwärmten, hatte sich die Umwandlung vom Mutterrecht zur vaterrechtlichen Gesellschaft vollzogen. Das einst Verehrte wurde nun herabgewürdigt. Nicht der Mutterschoß galt mehr als Fruchtbarkeitssymbol, sondern der Phallus. Die Muttergottheit wurde zum Dienen versklavt, der Mutterschoß ein Werkzeug. Aus Anbetung wurde Herablassung. Schon im Griechenland des Altertums galt die Überzeugung, daß Männer wertvoller seien als Frauen, sie allein fähig, sich mit geistigen Dingen zu befassen

Der Mythos von der Minderwertigkeit der Frauen ist auch im Judentum Kleinasiens fest verankert und wird vom Christentum übernommen, an seiner Spitze von dem prüden Apostel Paulus, der für gründliche und schnelle Weiterverbreitung der Weiberverachtung sorgt. Die Anfänge der Schreckensgeschichte, die in der männlichen Ur-Angst ihre Wurzeln hat und schließlich in Haß umschlägt, wurden bereits erwähnt. Das christliche Abendland betreibt die Verteufelung der Frau in Perfektion, ihr lebenspendender Schoß wird für unrein erklärt, ihr Monatsblut als Zeichen des Fluches verabscheut, unter dem das weibliche Geschlecht seit Schließung der Paradiespforten steht. Daß nach wie vor die Urkraft des Werdens und keineswegs Sünde und höllisches Feuer Ursprung weiblicher Körperfunktion ist, ist längst aus dem männlichen Bewußtsein verdrängt und vergessen. Aus Angst vor dem Mysterium ihrer Leiber und aus Furcht vor der Unsicherheit der Vaterschaft werden Frauen zur Keuschheit angehalten, denn nur die Jungfräulichkeit bietet Garantie für den eigenen Nachkommen.

Aber das Christentum mißt mit zweierlei Maß. Was den Frauen verboten wird, gilt trotz der zehn Gebote für die Männer noch lange nicht. Im zwanghaft frommen Mittelalter war es hochgestellten Männern durchaus gestattet, sich sogenannte „Kebsweiber" zu halten. Selbst der tugendsame Karl der Große, Zierde der Christenheit, soll es auf zwei Dutzend solcher Nutz-Damen gebracht haben.

Auch später haben die kreuzfahrenden Ritter, die sich im Morgenland gewiß nicht kasteiten, nicht lange gefackelt, wenn sie bei ihrer Heimkehr der Eheliebsten Bettfreuden mit einem anderen nachweisen konnten. Die Ballade „Die Büßende" von Stollwerk, in der ein aus dem Heiligen Krieg zurückgekehrter Ritter „sonder Glimpf rächte seines Bettes Schimf", ist ein glaubhaftes Beispiel für die Auslegung strenger christlicher Moral, wie sie ausschließlich für Frauen galt: Die Rache bestand als erstes darin, daß der Ritter den Liebhaber erstach. Dann ließ er den Leichnam ausweiden und vom Skelett schälen. Der vom Leibe getrennte Schädel wurde oben abgesägt und in ein Trinkgefäß umgewandelt. Die Rittersfrau, kahlgeschoren, wurde in ein Büßergewand gesteckt und in einer Zelle eingeschlossen, wo hinter einem Vorhang, dicht neben ihr, das Skelett des ermordeten Liebsten hing. Laute und Psalmbuch blieben auf Jahre hinaus in diesem Verließ ihre einzige Unterhaltung. Zu jeder Mahlzeit am Tage durfte sie sich jedoch an dem Tisch ihres Eheherrn niederlassen, um dort einige Bissen zu sich zu nehmen und aus dem Schädel ihres Geliebten Wasser zu trinken.

Das ging so einige Jahre fort, bis er sie endlich „nahm in sein Bett von neuem/ tät' sich weidlich mit ihr freuen/ zeugte Söhne stark von Art/ Töchter wie die Mutter zart –", ein Mann der wahren Nächstenliebe.

Der Graf von Gleichen hingegen, der während eines Kreuzzuges in muselmanische Gefangenschaft geriet und von einem Sultanstöchterlein unter Lebensgefahr befreit wurde, durfte diese mit in die Heimat bringen. Rom drückte beide Augen zu. Einer Ehe zu dritt stand somit nichts im Wege, und so erfreute der Graf seine wartende treue Ehefrau mit der Ankunft der Nebenbuhlerin. Als erstes ließ er sich ein dreischläfriges Ehebett zimmern, das heute noch auf der Burg Gleichen gezeigt wird. Dort soll er sein eheliches Dreiecksverhältnis bis zur Vollkommenheit geübt haben.

Aber es sollte im Laufe der Jahrhunderte noch schlimmer kommen mit Heuchelei und Weiberhaß: Die Ausrottung durch Marter und Feuer, wobei die Marter im „hochnotpeinlichen Verhör" den Richtern über Leben und Tod des armen Weibes noch Gelegenheit bot, sich am Anblick des gequälten nackten Frauenkörpers aufzugeilen. Die Hexenverfolgung gehört mit zu den beschämendsten Kapiteln der Menschheitsgeschichte. Die Motive zu der grausamen Jagd auf Frauen werden auch heute noch, wie Wilhelm Höck, berufener Kenner des Hexenwahns und seiner Hintergründe, es unumwunden ausdrückt, „trotz aufgeklärten Denkens nur zögernd zur Debatte gestellt: Die männliche Angst."

Die Angst vor eigenem Ungenügen angesichts der sexuellen Macht der Frau, die sie allein durch das männliche Begehren über den Mann hat. Der Mann, der sich des eigenen Triebes nicht erwehren kann, wehrt sich umso heftiger gegen das Wunschobjekt seines Triebes. Die zur Ehelosigkeit verpflichteten Hüter der katholischen Kirche waren vom vergeblichen Kampf gegen den Trieb, der gesunde Männer natürlich immer wieder heimsucht, besonders betroffen. Kein Wunder also, daß an erster Stelle nicht weltliche Mächte, sondern die Kirche den Vorsitz übernahm, als es an die endgültige Weibsvernichtung ging. Flugs fand die Kirche ein willkommenes Alibi für ihr mörderisches Tun: Zauberei, „heidnisches Blendwerk", das der Teufel, da er ein Mann ist, mit Hilfe von auserkorenen Teufelsdienerinnen in die Welt bringt. Frauen, die ihm nicht einfach nur gehorchen, sondern darüber hinaus ihm unzüchtig zu Willen waren – Teufelsbuhlerinnen, deren Seele, falls sie eine hatten, nur durch das reinigende Feuer gerettet werden konnte. Die Kirche behauptete allen Ernstes, den unglücklichen Frauen durch die Bereitung eines Scheiterhaufens einen Gefallen zu tun. Aber vorher wollen sie alles genau und bis ins einzelne wissen, die vom Papst berufenen Inquisitoren. Es gibt die abstrusesten, nur auf Sexualität ausgerichteten Fragen, die sie stellten, während die Opfer gefoltert wurden, um die gewünschten Bestätigungen von ihnen zu erpressen: Wie oft sie, die ertappte Hexe, des Beischlafs mit dem Teufel gepflogen habe, wie das genau zugegangen sei, ob der Teufel ein schuppiges oder ein feuriges Glied gehabt habe, als er ihr beiwohnte u. ä.

Die unmenschlich gequälten, vor Schmerz wild schreienden Frauen gaben jede gewünschte Auskunft, in der Hoffnung, damit von ihrer Qual erlöst zu werden. So wurden die Wahnvorstellungen ihrer Peiniger immer wieder bestätigt und die Hexenverfolgung immer mehr verschärft. Die Erektionen unter Inquisitorenkutten während dieses schauerlichen Spektakels sind gewiß zahllos gewesen.

Zuerst waren es nur die alten und häßlichen Frauen, die als „Hexen" bezeichnet und ermordet wurden; denn ist die junge Frau in der Blüte ihrer körperlichen Reize schon hassenswert, so ist es die alte absurderweise genauso aus dem umgekehrten Grund, weil ihr diese Reize abhanden gekommen sind. Eine Frau, deren Körper nicht mehr prall, nicht mehr zur Lust taugt, so folgerte man, ist ein überflüssiger Gegenstand. „Alter" stand für „Häßlichkeit", „Häßlichkeit" für „Bosheit" - und Bosheit war immer des Teufels. Nicht wenig später kamen die geschmäcklerischen Inquisitoren jedoch darauf, daß ja gerade junge, hübsche und auffallende Frauen, Rothaarige etwa, mit grünen Augen und milchweißer Haut, dem Teufel viel eher zu höllischer Minne geeignet erscheinen mußten. Zum Schluß war keine Frau mehr vor Inquisition und Scheiterhaufen sicher, wenn sie aus Haß oder Mißgunst von Ehemann oder Nachbarn bezichtigt wurde, eine Hexe zu sein.

Vom Kirchenvater Thomas von Aquin stammt unter vielen anderen Schmähungen auch der Ausspruch, daß „das Weib nur ein unvollkommenes Tier" sei. Nun wohl - die Tiere auf den Schinderanger, die Weiber zur Richtstätte. Der Weiberhaß der Männer feierte nicht mehr zu überbietende Triumphe. Er wiederholte sich Jahrhunderte später in ähnlicher Grausamkeit und ähnlicher Anzahl weiblicher Opfer. Im allgemeinen Morden von Juden und Gegnern eines Regimes, das Frauen nur als Lustobjekte und Gebärmechanismen betrachtete, wurden in nationalsozialistischen Konzentrationslagern Frauen geschändet und niedergemacht. In dem speziellen Frauenlager Ravensburg waren bei den männlichen Bewachern neben der Folter Akte der Demütigung besonders beliebt.

Im späteren Mittelalter und in der Neuzeit gab es immer noch Hexenverbrennungen. Und nicht nur die katholische Kirche, sondern auch die soeben etablierte protestantische Kirche nahm freudig Teil daran. Ihr Begründer, der Reformator Martin Luther, war in diesem Fall einmal ausnahmsweise mit dem Papsttum einer Meinung, daß nämlich die „Teufelshuren" einzuäschern seien.

Bis ins 18. Jahrhundert hielt die Hexenjagd an. Der letzte Scheiterhaufen brannte 1793 in Polen. Die Hinrichtungen waren mit der Zeit seltener geworden, wiewohl die Methoden gleich grausam blieben.

Das späte Mittelalter in seinem bürgerlichen Wohlstand und seiner selbstgefälligen Sattheit übte zwar christliche Nächstenliebe dem Buchstaben nach, aber Macht und Habgier in allen Bereichen des bürgerlichen Lebens ließen Emotionen als unnötigen Ballast erscheinen. Das galt insbesondere für die eheliche Bindung. Andere Partnerschaften waren offiziell gar nicht möglich, sondern galten als „Hurerei". Sie wurde dem Mann zwar zugestanden. Für die Frau war die Entdeckung einer vorehelichen und außerehelichen Beziehung in jedem

Fall vernichtend. Ehe war daher eine reine Zweckverbindung. Zuneigung oder Leidenschaft waren, wo es ausschließlich um Familienansehen und Vermögen ging, reiner Zufall, der nur selten eintrat. Der Altersunterschied zwischen Mann und Frau war beträchtlich, spielte aber auch umgekehrt keine Rolle, wenn es um Geld ging. Ein Chronist jener Zeit, der durch ein Haus- und Familienbuch viel Wissenswertes über Sitten und Gebräuche weitergab, Hermann Weinsberg, heiratete beispielsweise, ohne Aufsehen zu erregen, eine sechs Jahre ältere Witwe mit zwei Kindern, nachdem seine Werbung zuvor um eine zwanzig Jahre ältere Frau abschlägig beschieden wurde. Auch, oder vielmehr gerade an Fürstenhöfen spielte der sogenannte „verkehrte" Altersunterschied noch weniger eine Rolle, wenn es um Machtvermehrung ging. Welche Liebesehen dabei zufällig zustande kamen, ist nicht überliefert. Ehe mußte jedoch sein. Unverheiratete Frauen gab es so gut wie gar nicht, es sei denn, ein körperliches Gebrechen machte sie wenig begehrenswert. Ohnehin bestimmte die Familie des Mädchens welcher Mann aus welchem Grunde zu heiraten sei. Männliche Junggesellen hatten in vielerlei Beziehung mindere Rechte und vor allem eine geringeres Ansehen, zumindest waren sie derben und verächtlichen Spöttereien ausgesetzt. Um als rechter Bürger zu gelten, hatte man eben verheiratet zu sein. Auch Witwer und Witwen, wenn sie noch „bei Jahren" waren, sollten sich tunlichst wieder verehelichen und taten es auch so schnell wie möglich. Es gab eine strenge Regelung der ehelichen Partnerschaft durch einen Vertrag in Form eines „Ehebriefes". Oftmals lernten die von den Eltern zusammengetanen Brautleute sich erst bei dem festlichen Bankett kennen, das zur Feier des abgeschlossenen Ehevertrages abgehalten wurde.

Das Rad der Liebes- und Ehegepflogenheiten dreht sich, und im Laufe der Jahrzehnte und Jahrhunderte gerät oftmals Unterstes zu oberst. Besonders typisch dafür ist die im 19. Jahrhundert aufbrechende Gefühlsseligkeit. Galten zuvor die Regeln der Nüchternheit und Vernunft, so war nunmehr von „der Sprache des Herzens" unentwegt die Rede. Man trug sein Herz auf der Zunge und schwelgte sowohl im Liebes- als auch im Weltschmerz. Man idealisierte die Realität nach Kräften, verachtete die grobe Materie und gab sich lieber seelischen und geistigen Genüssen hin, was natürlich nur für die oberen Stände galt, beim gehobenen Bürgertum angefangen, das viele Gepflogenheiten des Adels übernommen hatte. In diesen Kreisen war es sogar Frauen zugebilligt, statt gar keiner, nunmehr sogar „eine schöne Seele" zu haben, die im Überschwang der Liebesgefühle und der dienenden Verehrung für den Mann geradezu baden durfte.

So war es möglich, daß von einem Mann geschriebene schwülstige Liebesgedichte – Adalbert von Chamissos Zyklus „Frauenliebe – und Leben" – von seinen Zeitgenossinnen begeistert begrüßt und vollauf bestätigt wurde. Er habe, sagten sie entzückt, genau erfaßt, was in einer Frauenseele vorgehe.

Chamisso wurde mit diesem Epos als Frauenkenner seiner Zeit gefeiert. Der Text dieser Lieder ist uns heute nur noch durch die Schumann'sche Vertonung erträglich. In „Frauenliebe - und Leben" schmachtet die Heldin den heimlichen Geliebten an:
„Höre nicht mein stilles Sehnen, deinem Glücke nur geweiht, darfst mich nied're Magd nicht kennen, hoher Stern der Herrlichkeit."

Und nachdem sein Antrag doch über sie gekommen ist wie der jähe Strahl göttlicher Gnade:
„Ich kann es nicht fassen, nicht glauben, es hat ein Traum mich berückt, wie hätt' er doch unter allen mich Ärmste erhöht und beglückt . . ."

Recht so – welchem Mann gefiele nicht weibliche Anbetung? Ein unbestreitbar kluger Mann unserer Tage meinte bei Erörterung des Chamisso Zyklus', halb pflichtschuldigst ironisch, halb hoffnungsvoll: „Das kommt wieder . . ."

Die schwärmerische Romantik war nicht allzulange lebensfähig. Sie wurde schon bald von überhandnehmender Gewinnsucht abgelöst, die die einsetzende Industrialisierung mit sich brachte. Wieder einmal rangierte Zweckmäßigkeit vor Gefühl, jedenfalls was die Männer anging. Man sprach allerdings nicht darüber. Man war überhaupt nicht mehr so mitteilungsfreudig wie zu Beginn des gleichen Jahrhunderts. Heuchelei wurde eine bis zur Perfektion geübte Kunst. Denn selbstverständlich vertrat man trotz aller Geldgier edle Ideale! Und dazu gehörte an erster Stelle, wie eh und je, die Tugend des Weibes. Die Prüderie jener Zeit, die nach der Königin Viktoria von England, die „viktorianische" genannt wurde, hat gewiß unzählige Frauen unglücklich gemacht, die mit dem Klapperstorchglauben in die Ehe gingen (weil man eben „nicht darüber sprach") und so in der Hochzeitsnacht den Schock ihres Lebens erlitten. Kein Wunder, daß die weibliche Abscheu vor „ehelichen Pflichten" größer war als je zuvor. Die einzige Empfehlung, die eine viktorianische britische Mutter ihrer Tochter am Vorabend der Hochzeit errötend mitzuteilen wußte, hieß, einem Witz zufolge: „Tja . . . und dann, mein Liebes . . . und dann . . . nun ja, dann schließe die Augen – und denke an England!"

Und heute? Gibt es die selbstverständliche Partnerschaft zwischen Mann und Frau, die keinen von beiden benachteiligt? Die den Wünschen und Vorstellungen beider gerecht wird? Da Männer nach wie vor in unserer Gesellschaft bestimmen, haben sie es sich noch nicht abgewöhnen können, ihre eigene Vorrangigkeit als ein Naturgesetz anzusehen. Dazu gehört auch das Recht des Mannes auf die Konsumierung weiblicher Jugendreize in jedem Abschnitt seines Lebens, auch dann noch, wenn er selbst sich weit jenseits von eigener Jugend und vorteilhafter Optik befindet. Nur so ist es möglich, daß in Großstädten „Clubs für Herren mit grauen Schläfen", in denen Frauen über dreißig nicht erwünscht sind, fabelhafte Umsätze machen. Denn was der Mann von heute genau so will wie der von gestern, ist eine Frau, mit der er sich schmükken kann, die seine biologische Müdigkeit ermuntert und ihn als Eroberer, trotz grauer Schläfen, ausweist.

3. Partnerschaft in anderen Kulturkreisen

Mag auch im Auf und Ab der Menschheitsgeschichte der Einzelne keinen Teil haben am Walten der ausgleichenden Gerechtigkeit, weil der Wandel von Unterdrückung zur Freiheit, von Unrecht zu Recht, von der Trennung zur Zusammenführung der Geschlechter, sich in viel längeren Zeitabschnitten vollzieht als ein Menschenleben andauert. Aber es gibt ihn doch! Gewalt und Milde, Liebe und Haß, was immer Mann und Frau einander antun oder füreinander empfinden - sie sind sich unentbehrlich und machen sich das zu verschiedenen Zeiten durch unterschiedliche Sitten und Gebräuche stets aufs neue deutlich. Es ist ein tröstlicher Gedanke, daß alles, was erzwungen wird, auch in schöner Freiheitlichkeit existieren kann - daß es so, aber auch anders geht.

Daß es das Mutterrecht schon in grauer Vorzeit als erste Gesellschaftsform in allen Kulturkreisen gegeben haben muß, entdeckte der Altertumsforscher J. J. Bachofen Mitte des vorigen Jahrhunderts. Er erregte mit dieser Auffassung, wie man sich denken kann, einiges Befremden, konnte sie jedoch durch Aufzeichnung früher Geschichtsschreiber belegen und seine Theorien anhand dessen weiterentwickeln. Doch auch in der Neuzeit gab es das Matriarchat, die mutterrechtliche Form des Zusammenlebens, und es gibt sie in einigen versteckten Winkeln unserer Erde noch heute. Vor Jahrzehnten, lange vor der Umwandlung des Alten China in Rot-China, entdeckte eine amerikanische Forschungsexpedition im Süden des riesigen Landes, im Quellgebiet des Flusses Hoang ho, einen prä-chinesischen Stamm, in dem seit altersher die Frauen das Sagen hatten und die Ämter und Würden grundsätzlich alten Frauen übertragen wurden. Für die Angehörigen dieses Stammes, wie im übrigen für alle Chinesen, ist Alter gleich Weisheit. Da dort Frauen mit mehreren „Ehemännern auf Zeit" zusammenlebten, hatten die Kinder inmitten so vieler Männer in diesem Frauenverband keine bestimmte Vaterbindung, weder emotional noch blutsmäßig. Der Mann, den ihre Mutter ihnen als Vater bezeichnete, war es eben. Alle anderen waren Onkel - ein ziemlich unsicheres Verfahren. Aber die tatsächliche Vaterschaft war in jenem südchinesischen Frauenreich, genauso wie in allen anderen Muttergesellschaften, völlig ohne Bedeutung. Der Name der Nachkommen leitete sich von der mütterlichen Linie her, genauso, wie der Besitz von der Mutter ererbt wurde. Da die Güter, mit denen gehandelt wurde, ausschließlich weibliches Eigentum darstellten, waren auch nur die Frauen zum Handeltreiben berechtigt. Ohne ihre Einwilligung durfte nichts verkauft werden.

Von einem anderen Frauenreich im Süden Chinas wurde berichtet, daß einer der Eingeborenenstämme stets von einer Frau regiert wurde. Die Souveränin erhielt von ihren Untertanen den Titel Noi-Tak. Ihr wurde tiefste Ehrfurcht entgegengebracht. Der Stamm trug den Namen Nuè-Kun, was „die von Frauen Beherrschten" heißt. Das Vorrecht, diese Stämme zu regieren, bestand nur für eine einzige Familie. Somit war die Frage der Nachfolge bei dem Tod einer Fürstin kaum von Belang.

Die im übrigen Teil des Landes ausschließlich patriarchalisch denkenden und lebenden Chinesen waren seinerzeit deshalb geneigt, europäische Länder unter dem Regime einer Königin ebenso einzustufen, wie die Angehörigen des ihnen bekannten Stammes Nuè-Kun „die von Frauen Beherrschten". Doch das war nach Auffassung der patriarchalischen chinesischen Gesellschaft natürlich eine Abwertung, denn im Alten China konnte kein Unglück größer sein, als als Frau auf die Welt zu kommen. Die ganze Familie trauerte über das Mißgeschick, das ihr mit der Geburt eines Mädchens widerfuhr, und dort, wo der Mädchenüberschuß zu groß war, hatte man keine Bedenken, weibliche Neugeborene kurzerhand zu töten. Im patriarchalischen China hatte die Frau jedem Mann von klein auf zu gehorchen, erst dem Vater und dem Bruder, dann dem Ehemann, den sie bei der Hochzeit überhaupt erst kennenlernte. Oft war er viel jünger als die Braut. Dies nicht etwa, um dem Mädchen einen Gefallen zu tun, sondern aus zweckmäßigen Erwägungen heraus. Häufig war bei solchen Eheschließungen - bei denen die zusammengeschlossenen Partner nur den Eltern zu gehorchen hatten - der sogenannte „verkehrte" Altersunterschied üblich.

Oriana Fallaci berichtet von einer alten Chinesin, die erzählte, daß ihre Schwester, achtzehnjährig, mit einem Siebenjährigen verheiratet wurde. Das junge Mädchen sollte ihren Kind-Gatten aufziehen und betreuen, bis er mannbar geworden wäre, um sie schwängern zu können. Aber noch vor diesem Zeitpunkt starb der Junge, zwölfjährig. So wurde die unglückliche Ehefrau, die nie rechte Gattin und Mutter geworden war, und nun auch nie mehr werden würde, eine Witwe, die nach chinesischem Brauch nicht mehr heiraten durfte. Ihre Familie hätte es gerne gesehen, wenn sie, um den Anverwandten nicht zur Last zu fallen, freiwillig verhungert wäre. Ob und wie die Unglückliche weiterlebte, ist nicht berichtet. Hätte sie dem Ansinnen der Familie stattgegeben, wäre ihr wenigstens nach ihrem Tod ein wirkliches Ansehen zuteil geworden. In solchem Fall sorgte die Familie freundlicherweise für eine schöne Bestattung und einen Prunkbogen mit der Aufschrift „Der treuen Gattin". Diese strengen, von Männern ausgeheckten Bräuche galten noch um die Jahrhundertwende. Man kann über die Revolution in China denken was man will - eines steht fest, sie hat die Situation der Frau in China entscheidend verbessert und ihr - trotz Arbeit, Arbeitslast und Einschränkung für den Einzelnen - ein menschenwürdiges Dasein verschafft.

Doch zurück zu jenen paradiesischen Gegenden, in denen das Mutterrecht, zum Teil rollenverkehrt, das Zusammenleben von Mann und Frau friedlich regelt. Dort, bei nicht zivilisierten Stämmen, in denen der Mann keine Frauenangst kennt, wird Sexualität ohne Zwänge und von frühester Jugend an geübt. Das Verhältnis der Menschen zu ihrem Körper ist unproblematisch, selbstverständlich und positiv. Kinder werden von den eingeborenen Frauen auf den Trobriander-Inseln, nordöstlich von Neu-Guinea bis zum vierten Jahr gestillt, und unmittelbar danach, also mit fünf Jahren, dürfen sie (was die europäischen Beobachter überaus schockierte) mit sexuellen Spielen beginnen. Spielend erfahren sie aneinander den Körper des anderen Geschlechtes, und kein Erwachsener nimmt Anstoß daran. Einmal in die Pubertät eingetreten, erwerben sie das Recht auf vorehelichen Verkehr. Sie teilen in den speziell dafür eingerichteten Junggesellen-Häuser nächtens ihre Matte miteinander. Auf zeitliche Treue während so eines vorehelichen Verhältnisses wird Wert gelegt.

Beliebiger Partnerwechsel mit jedermann, von einem Tag auf den anderen, gilt auch den sogenannten Wilden als unschicklich. Wird das junge Mädchen schwanger, heiratet sie den Vater ihres Kindes, obwohl die Trobriander den Vater im Zeugungsakt erst an die zweite Stelle setzen. Die biologisch zwar unrichtige, aber im Patriarchat weitverbreitete Vulgär-Redensart: „Ich habe ihr ein Kind gemacht" wäre für einen Trobriander völlig unverständlich, leiten sich das Erbrecht und die Gesetze des Zusammenlebens der Trobriander doch aus der – gleichfalls biologisch unrichtigen – Vorstellung her, daß der Mann in keiner Weise zur Entstehung des Kindes beitrage, und daß ausschließlich die Mutter den Leib des Kindes in sich forme. Das Kind ist nach ihrem Dafürhalten von der gleichen Substanz wie die Mutter, daher besteht zwischen Vater und Kind keine Blutsverwandtschaft. Es ist ja nicht sein, sondern nur das mütterliche Blut, das das Kind durchpulst. Hat die Mutter das Kind mit ihrem Leibe genährt, so nährt sie es jahrelang nach der Geburt mit ihrer Milch. Mutter und Kind sind vom gleichen Fleisch. Bruder und Schwester sind vom gleichen Blut, weil sie aus der gleichen Mutter kommen. Das erklärt die Bedeutung des Mutter-Bruders, des Onkel mütterlicherseits, der, anders als der Vater, den maßgeblichen erzieherischen Einfluß auf die Entwicklung des Kindes nimmt und dessen Stellung innerhalb des Stammes durch die eigene bestimmt ist. Nicht nur die verwandtschaftliche Bindung, sondern auch gesellschaftliche Ränge innerhalb der Trobriander-Stämme orientieren sich an der mütterlichen Linie, überall da wo Besitz und Würden an die Nachkommen weitergegeben werden.

Dieses matrilineare System bestimmt auch sämtliche Tabus bei Eheschließungen. Von der gleichen weiblichen Linie abstammende Nachkommen dürfen einander nicht heiraten. Über die Mutter verwandte Menschen haben einen sehr starken Zusammenhalt. Der Vater in einer Familie gilt als nichts weiter als „der Mann, der mit der Mutter verheiratet ist" und selbstverständlich auch als Mitglied des Haushaltes, in dem er mit Mutter und Kindern zusammen lebt. Der Vater empfindet sich selbst als Außenstehender und wird von anderen auch so bezeichnet, was bei ihm jedoch keine Aggressionen hervorruft. Die Dinge sind nun einmal so. Das hindert ihn jedenfalls nicht daran, ein zärtlicher Hüter seiner Kinder zu sein. Er sorgt für den Säugling, reinigt ihn, beruhigt ihn wenn er schreit, schleppt ihn herum, spielt mit ihm und ist liebevoll um ihn besorgt. Sich um die Kinder zu kümmern, ist nachgerade eine Verpflichtung des Ehemannes. Es gibt in dieser Gegend Melanesiens infolgedessen zahlreiche Redewendungen, die sich auf die Mühsal der Vaterschaft beziehen. Ist der Vater auf den Trobriander-Inseln schon nicht offiziell mit seinen Kindern verwandt, so gewinnt er über die Kinderpflege und Fürsorge eine ungleich stärkere emotionale Bindung an seine Kinder und umgekehrt, als das in patriarchalischen Gesellschaften der Fall ist. Hier vermittelt der Begriff „Vater" die Vorstellung von Distanz, übergeordneter Befehlsgewalt und Strenge, aber nicht die von Hautnähe, Liebkosung und Heiterkeit. Der Vater in unserer Gesellschaft ist nur stundenweise für die Familie in seiner Rolle als Ernährer anwesend. Kindheit und Jugend werden mehr oder weniger in der Fürsorge der Mutter verbracht, während der Vater meistens den Rang einer letzten, meist strafenden, Instanz innehat.

Die Mutterherrschaft der Trobriander bringt nun aber in keiner Weise das umgekehrte Rollenbild. Die Mutter ist hier weder selten anwesend noch gar streng. Sie geht mit ihren Kindern jederzeit liebevoll um, liebkost sie und spielt mit ihnen. Sie wird weder vom kinderhütenden Vater verdrängt, noch vernachlässigt sie ihre natürliche und gesetzliche Bindung an sie. Die Kinder tragen den mütterlichen Namen. Der Anspruch an den Besitz der Mutter ist dem des Ehemannes weit übergeordnet. Wächst das Kind heran, lernt es, daß sein Stammeszeichen mit dem der Mutter übereinstimmt und nicht mit dem des Vaters, daß es nicht zum väterlichen Clan gehört, sondern zum mütterlichen, daß alle seine Verpflichtungen hier abzuleisten sind.

Allmählich wird das Trobriander-Kind der väterlichen Fürsorge entwöhnt und der Autorität eines anderen Mannes, dem Bruder der Mutter unterstellt. Der Vater hat sich indessen um die Kinder der eigenen Schwester zu kümmern. Für das größere Kind ist der Onkel mütterlicherseits derjenige, der die Befehlsgewalt über das Kind eines anderen Mannes, des Schwagers, hat. Das Dorf in dem dieser Onkel wohnt, ist des Kindes „eigenes Dorf". Hier ist alles ihm verbündet, von Anfang an vertraut. Hier, bei der Mutter-Familie, nicht im Geburtsort, ist die wahre Heimstatt für den jungen Heranwachsenden. Zwischen der emotionalen Bindung an den Vater und der Familienverpflichtung zur Familie der Mutter hin- und hergerissen bleibt eine gewisse

Auswirkung auf den jungen Menschen nicht aus. Sie führt vom harmonischen Ablauf der frühen Kindheit zur inneren Spannung des Heranwachsenden, die jedoch von Sitte und Stammesgepflogenheiten überwunden werden. Neue Bezugspersonen, neue Verhaltensweisen beanspruchen den jungen Trobriander und schaffen neue emotionale Bindungen.

Derart eingebunden ins Mutterrecht ist die Ehe bei den Trobriandern relativ stabil, ein Scheidungsbegehren des Mannes überaus selten, obwohl er dazu ebenso berechtigt ist wie die Frau, die den Ehemann ohne weiteres verläßt, wenn sie sich schlecht behandelt fühlt oder er ihr gar untreu war. Bei den Trobriandern gehören im übrigen junge Männer, die sich älteren Frauen zuwenden, zu den Selbstverständlichkeiten, die gang und gäbe sind.

Aber nicht überall auf diesem Korallen-Archipel, diesem Musterbeispiel matriarchalischer Lebensform in Friedlichkeit, geht es auch ausschließlich friedlich zu. Im Süden sind die Sitten rauher und die Matriarchen in ihrer Sexualität aggresiver. Überall auf diesen Inseln, sei es im Süden oder Norden, existiert der Brauch, daß Männer sich arbeitenden Frauen nicht zu nähern haben. Das verbietet der Anstand. Tut er es auf der Insel Vekuta dennoch, und speziell dann, wenn die Frauen dem Jäten des Gartenlandes obliegen, machen die Jäterinnen von einem seltsamen Vorrecht Gebrauch und zwar mit besonderem Vergnügen: Der Mann, der in Sichtweite auftaucht, möglicherweise ahnungslos, daß hier die Frauen arbeiten, wird zum Freiwild, auf das sie ohne Zögern einen orgiastischen Überfall starten. Da sie in der Überzahl sind, ergreifen sie ihn, werfen ihn zu Boden, reißen ihm das Schamblatt ab und reizen ihn durch obszöne Gesten oder Masturbation bis zur Erektion, worauf sie sich nacheinander auf den wehrlos gemachten Mann niederlassen, um ihn bis zur Erschöpfung - seiner, nicht ihrer Kräfte - zu vergewaltigen.

Nicht ganz so gewalttätig, aber ebenfalls wenig zart, springen die Matriarchen im malaysischen Urwald mit ihren Männern um. Sexuell weniger unersättlich als die Inselbewohner der Trobriander, regeln sie den Geschlechtsverkehr kühl und ausschließlich nach ihrem eigenen Belieben. Die Männer dieser Frauen wohnen nicht ununterbrochen mit ihnen zusammen, sondern als Sprößlinge eines mutterrechtlichen Stammes in der Familie der eigenen Mutter. Sie werden von Fall zu Fall ins Haus der Ehefrau zitiert, wenn sie entweder auf den Reisfeldern arbeiten sollen, oder die Eheliebste sexuelle Gelüste verspürt. Arbeitet der Mann nicht so wie er soll, wird er kurzerhand endgültig der Mutter zurückgeschickt. Die Vorstellung, daß die Frauen in Europa ins Haus ihres Mannes ziehen, seinen Namen annehmen und ihm nichts zu befehlen haben, erheiterte diese Frauen beim Besuch der italienischen Journalistin Oriana Fallaci dermaßen, daß sie in schallendes Gelächter ausbrachen. Auch, daß in Europa der Mann um die Frau anhält, fanden sie überaus komisch. Bei ihnen ist es üblich, daß die Frau den Mann im Walde verführt. Dann wird geheiratet und wenn sie ihn als ihren Ehemann nicht entsprechend versorgt, kann der Mann die Scheidung einreichen.

Der Fotograf und der einheimische Dolmetscher aus Kuala Lumpur, die beide Frau Fallaci begleiteten, wurden von den Gastgeberinnen völlig ignoriert und erst dann bewirtet, nachdem sie sich von ihrem weiblichen Gast die Zustimmung geholt hatten, daß die Männer auch etwas zu essen bekommen „dürften". Ein besonders krasses Beispiel von Frauenherrschaft. Aber auch hier gedeihen die Kinder in mütterlicher Obhut und freiheitlicher Atmosphäre ohne Elternzwist und Erziehungsdruck, ahnungslos, daß die sie umgebende Zivilisation, außerhalb des Dschungels, eine heranrückende Bedrohung für ihre Idylle ist.

Im Indischen Ozean, zwei Flugstunden von Ceylon entfernt, liegen die Malediven-Inseln. Hier herrscht kein ausgesprochenes Matriarchat, aber besondere sexuelle Freizügigkeit der Frauen, welche ihnen seit Jahrhunderten den legendären Ruf als Liebeskünstlerinnen eingebracht hat. Schon im 17. Jahrhundert berichtet ein Reisender, daß die Frauen auf jenen Inseln „extrem wollüstig seien und die Männer nicht besser, aber sie haben weniger Kraft und Ausdauer. Ihr größtes Anliegen ist es, Rezepte zu finden um ihre Frauen befriedigen zu können und ihre Wollust zu verlängern. Ich glaube, sie würden ihr ganzes Hab und Gut für ein wirksames Mittel hergeben."

Zweieinhalb Jahrhunderte früher berichtet ein arabischer Weltreisender, daß diese Frauen sich kurzfristig verheiraten, wenn ein Schiff anlege. Allerdings gibt es solche Blitz-Ehen mit kurz darauffolgender Blitz-Trennung nur mit Männern mohammedanischen Bekenntnisses. Dieser Männerverbrauch, der seit Jahrhunderten bekannt ist, schadet ihrem Ruf nicht - im Gegenteil, sie werden mit der zunehmenden Zahl ihrer Liebhaber immer angesehener und begehrenswerter. Ihrer natürlichen Schönheit und ihrer unwiderstehlichen erotischen Reize wegen ist ihnen im übrigen das Betreten der wenigen, für den Tourismus erschlossenen Inseln auf den Malediven verboten. Sie dürfen hier auch nicht arbeiten. Anscheinend fürchten die Hotelleitungen um die Tugend ihrer männlichen und die Seelenruhe ihrer weiblichen Gäste. Hier arbeiten nur eingeborene Männer.

Die Ehemänner der schönen Insulanerinnen sind fast alle Fischer, jeden Tag zum Fang draußen auf dem Meer und oftmals wochenlang abwesend. Der Gedanke daran, was ihre Frauen in der Zwischenzeit treiben könnten, scheint sie nicht zu beunruhigen.

Es geht, wie man sieht, auch anders - ohne daß die Welt in Scherben fällt. Die

Begriffe von sozialer Einordnung, von sittlicher Verpflichtung, sexueller Beziehung und Elternschaft sind so, wie sie vom Patriarchat in aller Welt wortgewaltig verteidigt werden, absolut nicht gültig für alle Menschen. Patriarchenstrenge oder nachsichtige väterliche Liebe? Was tut ihren Kindern wohler? Der Ethnologe Malinowski kommt in einem Vergleich zwischen den beiden Vaterbildern zu dem Schluß, daß das Vaterreich „im hohen Grade die Quelle des Familienkonfliktes (ist), indem es dem Vater soziale Rechte und Vorrechte einräumt, die weder im Verhältnis stehen zu seinen biologischen Neigungen, noch der persönlichen Zuneigung, die er für seine Kinder empfindet und in ihnen erwecken kann, daß hingegen die mutterrechtliche Gesellschaft Harmonie aufrechterhält".

Auch Margret Mead, die amerikanische Völkerkundlerin, die, wie Malinowski, jahrelang mit und unter den Eingeborenen der mutterrechtlichen Stämme gelebt hat, spricht davon, was es beispielsweise für einen Knaben bedeutet, wenn der Vater die Rolle eines Patriarchens und die Mutter die einer Madonna übernimmt. Sie führt die schöpferische Rolle des von ihr studierten Stammes, der Manus an, die ein liebender zärtlicher Vater bei der Formung der Persönlichkeit des Sohnes einnimmt und findet, daß ein ideales Familienleben in ähnlicher Weise bei uns vielleicht damit erreicht werden könnte, daß gelegentlich die festgelegten Elternrollen auch einmal anders verteilt werden.

II. Biologische Fakten

„Das Leben lehret jedem, was er sei."

Goethe

1. Altern Männer hübscher?
Eine wichtige Zwischenbetrachtung

Sie tun es nicht, Sie befinden sich den alternden Frauen gegenüber mit jeder zusätzlichen Dekade nur deshalb in einer vergleichsweise besseren Situation, weil sie der Frau in jahrtausendelanger erfolgreicher Bemühung von sich ein anderes Leitbild eingeprägt haben: Ein Mann ist nicht Körper, er ist Geist. Infolgedessen haben Frauen die Anziehungskraft eines Mannes nicht nach seiner Körperlichkeit zu bewerten, sondern nach seinen sonstigen „typisch männlichen" Eigenschaften: nach Hirninhalt und Kreativität. Falls weder das eine noch das andere vorhanden ist, finden die Männer doch, ihre Zugehörigkeit zum männlichen Geschlecht sei allein schon eine überwältigende Tatsache, Grund genug für jede Frau, sie als Ehemann zu begehren, wobei die Frauen selbstverständlich über optische Mängel hinwegzusehen haben, die ihnen, umgekehrt, von einem Mann nie verziehen würden.

Dahingehend belehrt, daß der weibliche Sexualtrieb nicht so aggressiv und überhaupt geringer ausgeprägt sei als der männliche, haben Frauen lange Zeit geleugnet, daß ein ansprechender, wohlgebauter und männlicher Körper sie bereits vom Ansehen her stimuliere. Stattdessen ist von schönen Männerhänden die Rede, von Augen und Stimme, ohne ein klares Eingeständnis, daß lange schlanke Männerbeine, eine breite Männerbrust, kräftige Schultern, schmales Becken und ein kleiner, fester Männerhintern für eine Frau genauso ein stimulierender Anblick ist wie für einen Mann der schöne Frauenkörper. Die Zahl der Frauen, die das bei sich entdeckt haben und es auch wirklich zugeben, ist bedauerlicherweise noch gering.

Deshalb können alternde Männer in Heirats- und Bekanntschaftsanzeigen auch die anspruchvollsten Forderungen stellen ohne nur einen Moment über ihre eigene Erscheinung nachzudenken:

> „(attraktive Berufsbezeichnung) in reiferem Alter, in sicherer Position (!) wünscht Bekanntschaft eines jungen, hübschen Mädchens. Kennziffer . . ."

Ihn verlangt es nach festem Fleisch und junger Haut. Wie aber steht es bei ihm, wenn die Hüllen fallen? Hat er schlaffes Bindehautgewebe? Ein Doppelkinn? Fettansatz dort, wo einst die Hüften schmal waren? Ist sein Bauch nur eine Andeutung? Oder eine gewaltige Masse? Hat er Krampfadern? Ist sein Haarausfall erst am Beginn oder hat er bereits eine alopecie totalis (Vollglatze)?

Eine Frau im reiferen Alter, fettleibig und ohne Haare, würde im Traum nicht daran denken, nach einem „jungen, hübschen Mann" zu inserieren. Die Motive der jungen Mädchen, die auf eine derartige Anzeige reagieren, sind eindeutig materiell. Ein junger Mann würde auf eine „weibliche Anzeige" dieser Art niemals antworten, es sei denn mit Schmähungen.

Männer altern nicht anders als Frauen. Ihr Bindehautgewebe läßt nach, ihre Gefäße werden schwächer , ebenso wie ihre Sehkraft. Sie haben Krampfadern und Hämorrhiden, die brauchen Zahnprothesen und Einlagen für ihre nicht mehr so stabilen Fußknochen. Der Prozentsatz der Männer, die an genetisch oder hormonell bedingtem Haarausfall leiden beträgt ca. 80 %.

Haupthaar zu haben oder nicht zu haben, macht nicht den menschlichen Wert eines Mannes aus, ebensowenig wie sein Leibesumfang. Es gibt genügend gescheite, humorvolle und in jeder Weise erfreuliche Männer, dick und ohne Kopfhaar. Sie können auf die Zuneigung einer – wenn auch nicht jeder – Frau rechnen.

Aber wie wäre das umgekehrt, bei den Frauen?

Die Zwangsvorstellung von der Frau als dem Nur-Körper, dem attraktiven sexuell anregenden Objekt, die die Männer in die Welt gesetzt haben, damit sich Frauen danach richten, ist eine Absurdität, solange Männer Ansprüche daraus herleiten, die dem ästhetischen Zustand ihres eigenen alternden Körpers in keiner Weise entsprechen. Die Zusatzwerte, die Männer sich durch soziales Ansehen und materiellen Besitz geben, und die von Frauen, welche auf Sicherheit gedrillt wurden, auch gewünscht werden, können die Tatsachen nicht aus der Welt schaffen, daß der männliche Körper und seine Funktionen genau den gleichen altersbedingten Veränderungen und Minderungen unterworfen ist wie der weibliche.

Es gibt bei beiden Geschlechtern die unerwartet jugendlichen Erscheinungen jenseits dessen, was in ihrer Altergruppe als Norm angesehen wird. Jugendlich wirkenden Männern werden jugendliche Partnerinnen und außergewöhnliche Lebensumstände zugebilligt. Vom gleichen Recht für Frauen ist nie die Rede. Im übrigen weichen die Alterserscheinungen beider Geschlechter im wesentlichen nicht voneinander ab. Bedauerlich ist nur, daß bei älterwerdenden Frauen die ungünstigen „Kleidervorschriften" den äußeren Gesamteindruck derart negativ beeinflussen können, daß er häufig, und durchaus irrig, der körperlichen Verfassung zugeschrieben wird. Diese Gefahr ist bei Männern geringer, weil sie einmal über ein weit größeres Selbstvertrauen verfügen, und zweitens, weil die eher uniforme Männergarderobe nicht so viel Verhäßlichung anrichten kann.

Die Resignation älterer Frauen im Hinblick auf die Bevorzugung der gleichaltrigen Männer trägt des Weiteren zum negativen Gesamteindruck ihrer Erscheinung bei. Ähnlich ist es späterhin auch vielfach mit der Resignation des ins Rentenalter gekommenen Mannes. Beiden ist nunmehr generell Passivität und sexuelle Zurückhaltung von der Gesellschaft auferlegt. Bei beiden schlägt sich die niederschmetternde Erkenntnis, weder im Beruf gebraucht, noch in der Partnerschaft begehrt zu werden, in Mutlosigkeit und körperlichen Abbau nieder. Männer sind im allgemeinen länger im aktiven Berufsleben und leugnen ihr Älterwerden, weil sie wissen, was kommt: Wo die alternde Frau dem Schönheitswahn zum Opfer fällt, unterliegt der alternde Mann dem selbstgeschaffenen ehrgeizigen Erfolgsideal, das ihm, ist er einmal aus dem Beruf ausgeschieden, unerreichbar wird. Seine wichtigste Bestätigung hört auf.

Entsprechend den ihr eingebleuten Vorschriften, gibt die Frau, obwohl sie es nicht nötig hätte, früher auf. Aber der Erfolgsentzug, den der alternde Mann erleidet, kann mitunter zu tödlicher Resignation führen.

Jeder Mensch altert so, wie er sein Älterwerden akzeptiert - gelassen oder verbissen. Was ansprechender wirkt, bedarf keiner Erläuterung.

Männer altern weder hübscher noch mutiger als Frauen.

2. „Das Kind im Mann" und seine Entsprechung – die spontane Frau

„In jedem Manne steckt ein Kind, das will spielen", konstatiert Friedrich Nietzsche und knüpft die Aufforderung an Frauen daran, sie sollten sich „aufmachen, um es zu entdecken."

Jahrhundertelang galt, daß die Fähigkeit, losgelöst von Zwängen, frei zu handeln, d.h. zu spielen, nur den Männern vorbehalten sei, sowohl in dem aus Phantasie geborenen Spiel als auch im Spiel des Kräftemessens. Dabei übersah man, daß nicht etwa Mangel an weiblicher Phantasie die Ursache dafür war, daß nicht auch Frauen spielten, sondern daß die kulturellen und sozialen Bedingungen Frauen von vornherein keinen „Spiel-Raum" gewährten. Die Frau, als Hausfrau und Mutter mit vielen Pflichten belastet, durfte sich durch „freies Handeln", wie Spiel zutreffend definiert wird, nicht ent-lasten. Nichtarbeit, also „Müßiggang", galt speziell für Frauen als „aller Laster Anfang". Ihr Leben hatte strenge Richtlinien. „Unernste Tändelei" war einer stets auf ihren Lebenszweck ausgerichteten, dienenden Frau nicht würdig. Die Kinderspiele des kleinen Mädchens mit Puppen und Puppenstube waren genau eingegrenzte Vorübungen auf spätere Pflichten. Herumtoben im Freien – eigentlich immer „kreatives" Spiel – oder das Spiel mit Jungen war für Mädchen „unschicklich". Schon für das erst heranwachsende Mädchen, selbst wenn es noch schulpflichtig war, galt Spielen als „nutzlose Tändelei" und war deshalb ungehörig. Halbwüchsige Mädchen hatten sich zu beschäftigen – weiblich versteht sich – in einer nutzbringenden Weise, wie sie es als spätere Familienmütter einmal würden brauchen können. Zahllose Frauen, und gewiß nicht nur die älteren unter ihnen, werden sich noch sehr gut daran erinnern können, daß „Helfen im Haushalt" sie viel häufiger betraf als ihre Brüder. War das junge Mädchen herangewachsen, durfte es unter keinen Umständen mehr „kindisch" sein.

Männer haben zu allen Zeiten gespielt. Ihr Spiel war sowohl erfinderisches, aus der Intuition erwachsenes als auch zweckgebundenes Tun – in jedem Fall war es frei von Zwang und deshalb immer eine Loslösung aus dem Alltag – Erhohlung. Es gibt viele Formen des Spiels: Neben den schöpferischen Spielen leistungsgebundene Kampf-, Lern- und Wettspiele oder auf materiellen Gewinn ausgerichtete Spiele – Glücksspiele. Auch die Ausübung handwerklicher Tätigkeit, nicht beruflich erlernt, sondern nur „zum Spaß", aber zum Nutzen getan, kann unter dem Sammelbegriff „Basteln" noch als Spiel gelten, wenn auch ein zweckgerichtetes. Selbst die jedem Vater nachsichtig lächelnd zugebilligte Spielerei mit der Eisenbahn des Sohnes unter dem Christbaum ist eine Art männliche Leistungsübung, ein Zweckspiel.

Das kreative Spiel im Gegensatz dazu, ist ohne Ziel. Es erwächst aus der Phantasie, sich selbst zur Genüge. Hierin liegt der eigentliche Charakter des Spielens. Alle Arten des Spiels befinden sich jenseits der Pflicht und werden für den Spielenden ein Stück Freiheit, das ihm erlaubt, aus seinem Alltag herauszutreten.

„Freiheit vom Alltag" war lange Zeit für Frauen allenfalls ein Wunschtraum, aber kein Begriff, der sich auch wirklich in die Tat hätte umsetzen lassen. Frauen spielten eben nicht.

Dabei hatten – bzw. hätten – Frauen schon zu allen Zeiten die Möglichkeiten gehabt, das in sich freizusetzen, was sie in weit höherem Maße besitzen als Männer: Ihr Talent, heiter zu sein und Heiteres vorbehaltlos in sich aufzunehmen (auch wenn sie nichts zu lachen haben!). Dazu bedarf es allerdings eines Lösungs- und Auslösungsmechanismus', dessen Gebrauch ihnen viel zu lange untersagt worden war – Spontaneität. Gefühle wurden Frauen zugebilligt, aber sie „ungezügelt schießen" zu lassen – was einer absoluten Mißdeutung von Spontaneität gleichkommt – war undiszipliniert. Mit anderen Worten – weibliche Spontaneität war „unschicklich". Diese Auffassung ist nicht etwa nur von gestern. Sie ist genausogut heute noch anzutreffen.

Inzwischen hat es sich immer klarer herausgestellt, daß Spontaneität etwas durchaus Weibliches ist und daher auch jeder Frau möglich sein müßte. Die Spontaneität der Frau ist dem „Kind im Manne" ebenbürtig. Sie ist die spielerische Lust am Plötzlichen, die Freude am Augenblick ohne Reflexion, ohne Bedenken. Frauen mit dem Mut zur Spontaneität verfügen sogar noch über etwas Besseres als „das Kind im Mann", welches doch häufig mit einem Auge nach Vergleichswerten bei den Mitspielenden schielt. „Das Kind im Mann" ist nicht immer ganz frei von Überlegungen, hinsichtlich „Leistung" oder „Nutzen" seines Spiels.

Spontaneität aber ist die Vorbedingung allen wirklichen Spielens. Es ist die Grundlage, auf der alle Leichtigkeit gedeiht, absichtslos und unvoreingenommen. Spontaneität verhilft zur Überwindung von Barrieren, wie Konventionen sie aufbauen, zur Knüpfung von Kontakten, die unmöglich zu sein schienen, zur Ermutigung von Gefühlen, die sich ihrer selbst nicht sicher waren.

Die Frau mit dem Mut zur Spontaneität lebt unverkrampft. Sie wagt es, zu leben, wie es ihr gefällt, Gefühle zu haben und sie auch zu äußern. Wie immer auch ihr Leben verlaufen mag, Spontaneität verschafft ihr glückliche Augenblicke, in denen sie sich auch aus schwer zu Ertragendem zu lösen vermag.

Spontaneität und Heiterkeit bedingen einander. Ebenso wie Zärtlichkeit und Heiterkeit nicht voneinander zu trennen sind. Spontane Frauen sind deshalb auch immer zärtliche Frauen.

„Das Kind im Mann" und die spontane Frau suchen einander, und wenn sie sich gefunden haben (sie erkennen sich meistens auf den ersten Blick) sind sie glücklich. Sie begegnen sich fast immer in der Verbindung zwischen jüngerem Mann und älterer Frau, wovon noch zu sprechen sein wird.

3. Die Lebenskraft der Frau

Das Verfahren war umständlich und dauerte unendlich lange. Sein Beginn liegt etwa vierundzwanzig Jahre zurück. Damals hatten die Wissenschaftler keine Ahnung, welche verblüffenden Resultate es zeitigen würde. Es ging ursprünglich auch um etwas völlig anderes: Warum, so fragen sie sich, wird beim Versuch von Gewebsübertragungen fremdes Gewebe abgestoßen? Welche Abwehrmechanismen lösen diesen Vorgang aus, wo befinden sie sich und wie sind sie, günstigstenfalls, auszuschalten? Wie bei jeder Forschung auf biochemischem bzw. physiologischem Gebiet, mußte auch dieses Experiment erst einmal über Tierversuche durchgeführt werden. Die explosive Fruchtbarkeit weißer Mäuse, die Geschwindigkeit, mit der sie sich vermehren, und die Vorliebe, mit der sie dieser Tätigkeit obliegen, machte sie sozusagen zu den verantwortlichen Trägern der geplanten Versuchsreihe. Man begann, die kopulationsfreudigen Tierchen zu kreuzen, bis man die nötige Beschaffenheit erreicht und die nötige Anzahl beieinander hatte, und die war beträchtlich. Nunmehr konnte das eigentliche Experiment beginnen:

Weiße Mäuse wimmelten im Glasbehälter, ein kaum zu entwirrendes Knäuel von weißen Fellchen, rosigen Pfötchen und Schwänzchen, eine von der anderen nicht zu unterscheiden und das im wahrsten Wortsinn. Dieser Behälter hatte eine einzige immer wieder gekreuzte Mäusefamilie zum Inhalt, Eltern mit Kindern, Schwestern mit Brüdern bis die Inzucht so weit getrieben war, daß es außer den geschlechtsspezifischen Chromosomen kaum ein Unterschiedsmerkmal zwischen den Tieren mehr gab.

Die Chromosomenverteilung ist bei weißen Mäusen nicht anders als bei anderen Säugetieren. Die weiblichen Mäuse haben in jedem Zellkern zwei X-Chromosomen, die männlichen hingegen ein X- und ein Y-Chromosom. Dies war der einzige Unterschied der Tierchen voneinander. Die Erbfaktoren stimmten jedoch alle miteinander überein – sie waren sich alle einander superähnlich, die Mäuschen, sozusagen eine einzige Erbmasse. Hat Inzucht und immer wieder Inzucht in Generationen, Mäuse einander so ähnlich, fast gleich gemacht, müßte die Übertragung von Hautgewebe von einer Maus auf die andere, ähnlich wie bei eineiigen Zwillingen, möglich sein.

Die Hautübertragung von Weibchen zu Weibchen, von Männchen zu Männchen und von Weibchen zu Männchen gab dieser Vermutung recht. Nur als der Versuch der Gewebsübertragung von Männchen auf Weibchen nicht funktionierte, war der Versuch an seinem Kernpunkt angelangt. Warum wurde plötzlich unmöglich, was vorher so mühelos gelungen war? Welcher Abwehrmechanismus war hier plötzlich zugange? Er konnte eigentlich nur im XY-Chromosom zu suchen sein, denn sonst wäre auch die Hautübertragung zwischen den anderen Geschlechtskombinationen gescheitert. Gab es innerhalb des Y-Chromosomes ein besonderes Gen (Erbfaktor), das eine, wie immer geartete, Substanz an der Oberfläche der Zellen zur Abstoßung des übertragenen Gewebes veranlaßte?

Die Vermutung stand als Frage im Raum, vorerst ohne definitive Antwort. So nannte man das vermutete HY-Gen und die rätselhafte Substanz, die den Abwehrmechanismus auslöste das HY-Antigen. Das war im Jahr 1955.

Weitere Jahrzehnte ließ man das Experiment und die Vermutung, die es nach sich zog, auf sich beruhen, bis 1971 Ellen Goldberg vom Sloan Pattering Institut in New York auf die Frage nach dem Ursprung jenes Genes fand, welches vermutlich das Antigen (das zur Abstoßung führte) an der Zelloberfläche freisetzte. In langen geduldigen Versuchen fand sie eine Methode, die das Gedankengebäude der Kollegen aus den fünfziger Jahren, bisher eine reine Vermutung, als Tatsache bestätigte. Es gab tatsächlich das HY-Antigen an der Zelloberfläche, und zwar konnte man annehmen, daß diese Substanz im ganzen Tierreich die gleiche sei. Dieses universale HY-Antigen mußte also eine entscheidende Funktion für die Männlichkeit haben. Wieder war eine Frage offen, die noch beantwortet werden mußte. Ein Kollege der amerikanischen Wissenschaftlerin am gleichen Institut tätig, Stephen S. Wachtel, machte es sich zur Aufgabe, nicht nur Schlußfolgerungen zu ziehen, sondern sie auch tunlichst zu beweisen. Er setzte voraus, daß das HY-Antigen die Substanz sei, welche zu Beginn der Entwicklung neuen Lebens die noch undifferenzierten Zellen der Keimdrüse in männliche Hoden verwandeln. Bei Nichtvorhandensein dieser mannbestimmenden Substanz müßte eine Entwicklung zum Eierstock eintreten. Die Entwicklung zum Hoden hingegen müßte das männliche Hormon Testosteron freisetzen, das die Weiterentwicklung zum Mann perfekt machte. Die Absonderung anderer Substanzen wäre dann wiederum die Ursache für die Rückbildung der Vorstufen weiblicher Geschlechtsorgane. Das hieße, daß jedem Organismus die Entwicklung zum weiblichen Geschlecht von Natur aus eingegeben ist. Zum Mann wird ein Lebewesen erst dann, wenn eine spezifische Substanz in diese Grundlage einwirkt.

Die Bestätigung für die Richtigkeit dieser neuen sensationellen Annahme kam diesmal aus Frankreich. Der Wissenschaftler Alfred Jost erbrachte den ersten möglichen Beweis dafür durch Tierversuch, indem er männliche Embryonen im Mutterleib kastrierte, wonach – seiner Beobachtung zufolge – sie sich tatsächlich zu weiblichen Exemplaren weiterentwickelten.

War nun die HY-Antigen-Vermutung fast zur Tatsache geworden, fehlten doch noch weitere klare Beweise, daß Männlichkeit tatsächlich auf der Basis eines allgemein weiblichen Grundkonzeptes zustandekommt.

Auch dieser Beweis blieb nicht aus. In Kalifornien entnahm Susumu Ohno Hodenzellen von neugeborenen Mäusen, tat sie behutsam in eine flache Glasschale und züchtete sie unter den üblichen Laboratoriumsbedingungen in Kulturen, worauf sie sich erwartungsgemäß wieder in hodenähnliche Strukturen zusammentaten. Könnte man die, wie man wußte, in den Hodenzellen enthaltenen HY-Antigene lahmlegen, überlegte der kalifornische Enträtsler biologischer Hieroglyphen, müßten die Hodenzellen sich folgerichtig zum Eierstock weiterentwickeln. Kurz entschlossen brachte er eine Flüssigkeit in die Hodenzellenkultur ein, die die Wirkung des HY-Antigens aufhob. Nunmehr stand endgültig fest, daß die Urform der Entstehung aller Säugetiere die weibliche Anlage ist: Ohne das nunmehr abgeblockte HY-Antigen setzte in der Tat die Zusammenschließung der Zellen in Richtung Eierstockentwicklung ein. Die Nachricht von dieser Entdeckung ging relativ unbemerkt durch die Tagespresse. Der österreichische Biochemiker Stefan M. Gergely, einer der Autoren im deutschsprachigen Raum, wundert sich noch heute über die mangelnde Resonanz.

Wie dem auch sei – das HY-Antigen scheint von jeher rege am Werk zu sein, denn auf tausend Mädchengeburten kommen im Schnitt etwa 1060 bis 1070 Knabengeburten. Es sieht zwar so aus, als habe die Natur die Absicht, das männliche Gechlecht zahlenmäßig überwiegen zu lassen, aber schon innerhalb von Jahresfrist trifft sie eine Auslese nach dem Prinzip, daß nur der Stärkere überlebt. Jährlich sterben in der Bundesrepublik etwa 6000 Knaben im Säuglingsalter, rund 2000 mehr als weibliche Säuglinge. Deren Sterblichkeitsziffer liegt im Jahr bei etwas mehr als 4000.

Die Lebenserwartung der Frau war von jeher höher als die der Männer. Kein Mensch weiß warum, es handelt sich hier um einen Sachverhalt, dessen Ursprünge auch von der Wissenschaft noch nicht bis ins Letzte ausgeleuchtet werden konnte. Sie steigt in dem gleichen Maß, wie sich die Lebenserwartung der Gesamtbevölkerung im Zeitraum von drei oder vier Jahrzehnten erhöht.

Durch Information besser entwickeltes Gesundheitsbewußtsein, bessere hygienische Verhältnisse und bessere Ernährung mögen mit ein Grund für immer weiter steigende Lebenserwartung sein. Jedenfalls lag die mittlere Lebenserwartung eines zwanzigjährigen Mannes um 1900 bei weiteren 40,8 Jahren, die einer zwanzigjährigen Frau zum gleichen Zeitpunkt aber bei 42,1 Jahren. Runde drei Jahrzehnte später war die mittlere Lebenserwartung für zwanzigjährige Männer ganz erheblich auf 47,6 angestiegen, während die zwanzigjährigen Frauen zu Beginn der dreißiger Jahre unseres Jahrhunderts mit 48,9 weiteren Lebensjahren wiederum über dem Durchschnitt der Männer lagen. Zu Beginn der siebziger Jahre wiederum, vier Jahrzehnte später, hat sich das Bild für alle günstig verändert. Heute rechnet man beim Mann mit einem durchschnittlichen Lebensalter von 68 - 69 Jahren, bei der Frau mit 73 - 74 Jahren. Überschreiten beide diese Lebensgrenzen und stoßen in die Gruppe der Hundertjährigen vor, so verschiebt sich das Verhältnis weiterhin gewaltig zugunsten der Frau. Von dreihundert Hundertjährigen sind 2/3 Frauen und 1/3 Männer (Prof. Franke, Würzburg). Die Obduktion verstorbener Hundertjähriger hat ergeben, daß in den Körpern der verstorbenen hundertjährigen Frauen weniger Krankheitsanzeichen zu finden waren als in denen der verstorbenen hundertjährigen Männer.

Dabei weisen die Statistiken irritierende Ergebnisse auf: Trotz ihrer einwandfrei höheren Lebenserwartung scheinen Frauen im allgemeinen krankheitsanfälliger zu sein. Von hundert an den gleichen Krankheitssymptomen befallenen Männer und Frauen leiden, den Statistiken entsprechend, mehr Frauen als Männer an gesundheitlichen Beschwerden. Ausgenommen davon sind Herzerkrankungen, Asthma und Erkrankungen der Harnwege, von denen offenbar grundsätzlich mehr Männer befallen werden. Entsprechend der Häufigkeit ihrer Beschwerden begeben sich mehr Frauen in ärztliche Behandlung. Vergleicht man jedoch die Tabellen, die über Kranke in ärztlicher Behandlung Auskunft geben, und jene, die die Sterbeursachen ausweisen, dann zeigt sich, daß beispielsweise mehr Frauen als Männer wegen Kreislaufbeschwerden den Arzt aufsuchen, daß aber Kreislauferkrankungen als Todesursache bei Männern in den mittleren Jahren häufiger sind als bei Frauen gleichen Alters.

Hieraus folgt, was Horst Richter bereits aus seiner Praxis berichtet, daß aufgrund eingeübten Rollenverhaltens dem „schwachen Geschlecht" Klagen über körperliches Unbehagen eher zugestanden werden, als dem „starken Mann", dem Wehleidigkeit nicht erlaubt ist. Die daraus erwachsende „männliche Verpflichtung", Beschwerden zu unterdrücken, Klagen nicht zu äußern und den Arzt nicht aufzusuchen (was Frauen ohne Bedenken tun, wenn sie sich davon Besserung ihres Leidenszustandes erhoffen), schafft die vielen Ärzten bekannten Risikopersönlichkeiten - natürlich überwiegend Männer, den leistungsbesessenen Karrieremann, der ein besonders zähes Erfolgsstreben an den Tag legt, ehrgeizig, erfolgsbeflissen und auf Anerkennung in einem Maße angewiesen, das man nachgerade als süchtig bezeichnen kann. Diese Erfolgstypen mit dem Infarkt-Risiko befinden sich ständig im Leistungsdruck und in Terminnot, sind ständig gehetzt, ungeduldig, reizbar. Ihr persönlicher Erlebnishunger, auf erotischem Gebiet, ist kennzeichnend dafür, daß auch hier Erfolg - wenngleich auf einer ganz anderen Ebene - und die damit verbundene Anerkennung ihr

Handeln bestimmt. Sie suchen Geltung, statt emotionaler Geborgenheit. Das Idealbild der Leistungsgesellschaft, der Tatmensch, der alles mit der linken Hand meistert, der sich in die Tasche lügende Supermann ist oftmals ein heimlich Leidender. Mit zunehmendem Alter und nachlassender Kraft wird er zu jener Risikopersönlichkeit, die in Krankheitsstatistiken nicht auftaucht und dafür erst in der Sterbestatistik erscheint, entweder in der Spalte Koronarerkrankungen oder bösartige Neubildungen, denn es ist typisch für solche Männer, daß sie im Gegensatz zu den meisten Frauen Krebsvorsorgeuntersuchungen so gut wie gar nicht in Anspruch nehmen. Hierzu Horst E. Richter:

„Der Mann also, der das Rollenbild 'Männlichkeit' in extremer Weise erfüllt, leidet bewußt. Aber er ist, wie diese Forschungen beweisen, keineswegs gesund. Denn gerade ihn trifft bevorzugt die lebensbedrohliche Zivilisationskrankheit, die sich zur Zeit so rapide wie keine andere vermehrt. Und es ist zweifellos unmittelbar sein 'supermännliches' Verhalten, mit dem er seinen Herzkranzarterien die chronischen Schäden zufügt, die den Infarkt vorbereiten. In Jahrzehnten vor seinem Infarkt, in denen er den Arzt meidet und in Fragebögen seine fabelhafte Fitness und Beschwerde-Freiheit bezeugt, zermürbt er sich in einem unsichtbaren, chronischen Prozeß. Er hat sich oft längst irreparabel gesundheitlich ruiniert, wenn er immer noch, aufgrund seines Benehmens, als Inbegriff körperlicher Stabilität bewundert wird, bis er dann eines Tages scheinbar aus 'heiterem Himmel' mit einem Infarkt zusammenbricht."

Frauen mit einer ehrlicheren Einstellung zu ihrem Körper, bereit, seine Anzeichen zu beachten und ihren Empfindungen zu folgen, statt sie zu verleugnen, gehen insofern vernünftiger mit sich um und leiden an einem gewiß nicht – an falschem Heldentum. Dafür sind Frauen nachgewiesen disziplinierter im Ertragen von Schmerzen und Unbehagen, die eine Therapie unter Umständen mit sich bringt. Überall, wo ärztliche Eingriffe dieser Art zu erwarten sind, wo sie mit Zufügung von Schmerz einhergehen, sitzen in Wartezimmern der Ärzte die Frauen in der Überzahl. Jeder Zahnarzt wird das u. a. bestätigen.

Auch in anderer Weise ist die moralische Kraft von Frauen der des Mannes überlegen. Wo ein Mann zu gesteigerter Selbsteinschätzung neigt, sind Frauen eher zur Selbstkritik und zum Eingeständnis persönlichen Versagens bereit und sind in Situationen, in denen Leiden unausweichlich sind, auch fähig, diese auf sich zu nehmen. Hierin sind sie bewußter – den Wurzeln der Dinge näher. Wo Männer den unvernünftigen Mut zum vermeidbaren Risiko haben (den man als Feigheit vor der Wahrheit auslegen kann) erweisen Frauen sich als tapferer im Ertragen. Mahatma Ghandi, der Verfechter des „gewaltlosen Widerstandes" wußte, was er sagte, als er in Anwendung auf die seinerzeitige Lage in Indien einmal äußerte:

„Die größte Revolution in einem Lande ist jene, die die Frauen und ihre Lebensbedingungen verändert. Man kann keine Revolution machen ohne die Frauen. Die Frauen mögen körperlich das schwächere Geschlecht sein, moralisch haben sie hundertmal mehr Kraft. Wenn ich ein Freiheitsheer allein aus Frauen bilden könnte, wäre ich sicher, den Krieg in einem Jahr zu gewinnen."

Generell halten Frauen körperlich höhere Dauerbelastungen aus. Früher haben die Sportmediziner angenommen, Frauen wären nur begrenzt belastbar, könnten z. B. höchstens beim Hundert-Meter-Lauf mitmachen, da nur 23% ihres Körpergewichtes aus Muskeln bestehe, während das Verhältnis Muskeln zum Körpergewicht beim Mann 40% ausmacht. Aber es hat sich erwiesen, daß Frauen zwar langsamer laufen, dafür aber ausdauernder. Der van Aaken, Sport- und Ernährungsmediziner, ist der Ansicht, daß die Frau grundsätzlich ausdauernder ist als er Mann. „Sie wird", so meint er im Hinblick auf noch in der Ferne liegende sportliche Gepflogenheiten „hundert Kilometer eines Tages besser laufen als der Mann. Denken Sie an das Kanalschwimmen von Dover nach Calais. Die besten Zeiten halten die Frauen."

„Ausdauer" heißt insgesamt das Stichwort für die Überlegenheit weiblicher Vitalität. Das erweist sich vor allem auch auf sexuellem Gebiet. Die fundiertesten wissenschaftlichen Ergebnisse neigen heute zu der Folgerung, daß die Frau biologisch eine weit größere (anhaltendere) Kapazität für den Geschlechtsverkehr besitzt als der Mann. Dies gilt sowohl für die Häufigkeit des Koitus als auch für die Häufigkeit des Orgasmus (Millett). Hier sind unter anderem die Untersuchungsergebnisse von Masters und Johnson heranzuziehen: „Während das männliche Glied nach dem Samenerguß abschwillt und deshalb nicht zu unmittelbarer neuer Erektion fähig ist, kann die Frau in schneller Aufeinanderfolge mehrere Orgasmen haben. Eine Frau kann sich, wenn sie will und wenn sie Lust dazu hat, auch zu wiederholten Malen geschlechtlich vereinigen. Der ständigen sexuellen Bereitschaft des Mannes sind hingegen durch seinen Organismus Grenzen gesetzt. Die Behauptung der Bibel zur – scheinbaren – sexuellen Überlegenheit des Mannes „. . . und er schwächte sie", ist genau die Umkehrung dessen, was wirklich geschieht." „An keine ähnliche Bedingung gebunden wie der Mann, an Muskelkontraktion und Abbau von Flüssigkeit, endet für sie die geschlechtliche Begegnung nicht in Ermattung" (Pilgrim).

Jahrhundertelang wurden der Frau absolut gegensätzliche geschlechtliche Reaktionen unterstellt. Einmal die des unersättlichen, des einzig und allein auf die Befriedigung körperlicher Begier ausgerichteten Nur-Geschlechtswesens, eine Auslegung, die das Christentum zur Abschreckung der Männer vor der „Fleischeslust" erfunden hat. Es wurde damit das Gegenteil erreicht. Zum anderen wurde die nicht minder verlogene Behauptung vom sexuellen Desinteresse der Frau in die Welt gesetzt. Dieses Bild paßte gut in die Vorstellung von unangefochtener Tugend. Und Tugendvorschrift war eine wichtige Schranke gegen die womöglich aufkeimende Erkenntnis der ahnungslos gehaltenen Frauen von ihren sexuellen Möglichkeiten. Nachdem das Befürchtete trotz aller Vorsichtsmaßnahmen eintrat, nachdem Frauen sich die Freiheit nehmen, Sexualität nicht nur als des Mannes, sondern auch ihre ganz persönliche eigene Lust zu entdecken, wurden schnell noch ein paar Versuche unternommen, sie in ihrer sexuellen Entfaltung zu verunsichern. Statt der eigenständig gewordenen weiblichen Persönlichkeit mit der plötzlichen fatalen Neigung, so „simple Dinge" wie Geschlechtsverkehr nunmehr ihres Funktionscharakters zu entkleiden und emotionale oder sogar noch geistige Erwartungen daran zu knüpfen, schuf man den bevorzugten Gegentyp des „Betthasen", ein erträumtes kuscheliges, schmusiges Dummchen, im Gegensatz zu der unbequemen „frigiden verklemmten Intelligenz-Bestie". Diese grob gerastere Pauschalisierung in zwei neue Frauenbilder hat durch die Untersuchungen des Erlanger Arztes und Psychologen J. M. Wendelein einen argen Stoß erhalten. In mehreren Untersuchungsreihen unter Mitwikung von vierhundert Frauen hat er nachgewiesen, daß die unterkühlte Libido der „Intelligenz-Bestie" in die Kategorie der bereits früher üblichen Märchen gehört, die über die schwächeren sexuellen Antriebe der Frau kursierten. Im Gegenteil, behauptet Wendelein, Intelligenz macht Frauen liebesfähiger. Es sind sozial-psychologische Aspekte unter denen der Erlanger Arzt seine Untersuchungen durchführt. Er ist der Ansicht, daß einer der bisher zu wenig berücksichtigten Faktoren in der Beurteilung weiblicher Sexualität die Intelligenz gewesen sei. Aufgefallen war ihm in seiner langjährigen klinischen Tätigkeit, ebenso wie in seiner psychosomatischen Sprechstunde, daß unterdurchschnittlich intelligente Frauen sich häufiger dahingehend äußerten, daß Sexualität ihnen nicht viel bedeutet. Sie litten im Schnitt auch eher an sexuellen Störungen. Intelligenz und Bildung, die immernoch überwiegend den oberen sozialen Schichten zugeordnet werden müssen, machen liebesfähiger. Vorbedingung für ein natürliches und ausgewogenes Sexualerlebnis, so Wendelein, ist unter allen Umständen ein bestimmtes Maß an Lernfähigkeit. Dies wiederum erfordert Intelligenz und Einsichtsvermögen. Wendelein kommt zu der Feststellung, daß frühzeitige Information für eine gesunde Sexualentwicklung das Wichtigste überhaupt ist. Je höher die Sozialschicht, je intelligenter die Befragten, desto früher seien die Frauen aufgeklärt worden. In sozial benachteiligten Schichten wisse man häufig „sachdienliche" Information nur in Form von Warnungen abzugeben, die die gewarnten Mädchen eher als Drohung auffaßten, worauf sie mit Angst und Unsicherheit reagieren. Wer als junger Mensch durch elterliche Darstellung Sexualität als etwas Verwerfliches, Verbotenes erfährt, kann schlechterdings ein positives ungezwungenes Verhältnis zur Partnerschaft entwickeln. Eine Berichtigung der in der Pubertät geprägten negativen Vorstellung von Sex ist später kaum noch möglich.

Unlust, Abwehr und psychosomatische Störungen sind oftmals die Folge, alles Reaktionen der weniger aufgeklärten, weniger intelligenten Frau, im Gegensatz zu der Geschlechtsgenossin mit dem höheren Intelligenzquotienten. Diese hat im allgemeinen auch weniger Vorbehalte gegenüber Sexualpraktiken der verschiedensten Art, gegen orale und manuelle Stimulierung oder Masturbation, was alles miteinander von weniger intelligenten Frauen als „peinlich" oder „unanständig" empfunden wird.

Schon in den zwanziger Jahren wurden von dem Biostatiker Dr. Raymund Pearl zum erstenmal sexualwissenschaftliche Forschungen durchgeführt und zwar in der Kombination klinischer Angaben und persönlich zu beantwortender Fragebogen. In den dreißiger Jahren, noch vor Kinsey, waren es die Amerikaner Robert L. Dickinson und Laura E. Bean, die in ähnlicher Weise Untersuchungen über das Sexualverhalten des amerikanischen Durchschnittsbürgers anstellten. Schon damals, als Alters-Sexualität vom normalen Bürger als „Lustgreisen-Geilheit" verdammt wurde, deren Existenzberechtigung zu leugnen sei, erkannten beide Wissenschaftler, daß „das geschlechtliche Verlangen der Frau das ganze Leben hindurch andauern (kann) und unbeständig und fluktuierend (ist). Das ließ sich bei allen erschöpfend untersuchten Personen feststellen. Es kann sich als ausgeglichen und schöpferisch oder als frustrierend und destruktiv erweisen. Wie sich dieses Verlangen der Frau äußert und ob sie einen glücklichen Gewinn daraus zu ziehen versteht, hängt in einem sehr großen Maße von ihrem früheren Leben ab", eine Feststellung, die die gleichen Schlüsse zuläßt, wie der Erlanger Wissenschaftler Wendelein sie bereits gezogen hat. Die gleichen Autoren fanden schon damals Anhaltspunkte für Masturbation bei insgesamt sechs Frauen, die alle über sechzig Jahre alt waren, obwohl diese alle in Gesprächen zu erkennen gaben, daß sie in ihrem Alter Sexualität als eine Schande betrachteten – getreu der Vorschrift, die alten Menschen geschlechtliches Bedürfnis absprach. Das Alter verändert das geschlechtliche Verlangen (das leibliche wie das seelische) einer Frau nicht. Kinsey-Mitarbeiter fanden wenig Anhaltspunkte dafür, daß Frauen in ihrer sexuellen Leistungsfähigkeit altern. Noch in späteren Ehejahren hatten viele Frauen den Wunsch nach geschlechtlichem Verkehr und zwar häufiger als ihre Ehemänner. Im Gegensatz zur Durchschnittsfrau sinkt, nach Kinsey, die Bereitschaft zum Koitus beim Mann im Alter ab. Die Fähigkeit auch der älteren Frau auf Wunsch den sexuellen Höhepunkt zu erleben, ist auf jenes Organ zurückzuführen, das, laut Masters und Johnson, „einzigartig in der menschlichen Anatomie" ist – die Klitoris. Sie ist für die Frau das Zentrum sexuellen Empfindens. „Die Frau besitzt damit", um Masters und Johnson weiter zu zitieren, „ein Organ, das in seiner physiologischen Funktion vollkommen auf die Auslösung oder Erhöhung der sexuellen Erregung eingestellt ist. Ein derartiges Organ kommt beim Mann nicht vor."

Die meisten Frauen wissen es nur leider nicht. Es wurde ihnen nie gesagt.

Die 1977 in deutscher Übersetzung erschienene Untersuchung der amerikanischen Sexualwissenschaftlerin Shere Hite, die ausgedehnteste Studie über weiblich Sexualität seit Master und Johnson's Untersuchung über „die sexuelle Reaktion", bringt zum erstenmal auch eingehende Erörterungen über weibliche Sexualität im Alter über siebzig Jahren. „Wie wirkt sich das Alter (bei Frauen) auf den Sex aus? Nimmt das Verlangen nach dem Sex mit den Jahren zu oder ab, oder weder noch? Freude am Sex", sind die Hauptfragen, die sie neben Detailfragen über Orgasmus-Bedürfnis, Häufigkeit und Praktiken (Masturbation eingeschlossen) insgesamt dreitausend Frauen stellt. Sie bezieht öfter als nur in Ausnahmefällen Frauen über siebzig Jahren mit ein und erhält die verblüffendsten Antworten, wie die Auffassung einer anderen amerikanischen Wissenschaftlerin, Helen Kaplan bestätigen, daß nämlich vom rein psychologischem Standpunkt aus das sexuelle Bedürfnis der Frau zunehmen müsse, weil die Tätigkeit der weiblichen Androgene (der Anteil des gegengeschlechtlichen Hormons im Organismus der Frau) auf keinen Widerstand der Östrogene (weibliches Hormon) mehr stößt. Weitgehend unbekannt ist scheinbar auch die widersprüchliche Tatsache, daß die Fortpflanzungsfähigkeit zwar mit den Jahren endet, die Erregungsbereitschaft, bzw. die Fähigkeit zum Orgasmus dagegen zunimmt. M. J. Sherfey, eine andere wissenschaftliche Autorin, führt diesen Umstand darauf zurück, daß, wenn Frauen älter werden, sie ein größeres und differenzierteres Venensystem in der Genitalzone entwickeln.

Die meisten Frauen im entsprechenden Alter beantworteten die an sie gestellten diesbezüglichen Fragen dahingehend, daß ihre Freude am Geschlechtlichen mit fortschreitendem Alter zunimmt. Eine unter vielen der älteren Frauen zwischen Ende vierzig und Ende siebzig spricht mit ihrer Aussage auf die Frage nach Sex im Alter stellvertretend für alle älteren Frauen:
„Viele von uns kommen erst ziemlich spät zu der Erkenntnis und Anerkenntnis ihrer ... komplexen sexuellen Persönlichkeit. Ich finde es jetzt viel leichter, zu wissen, zu akzeptieren und zu handeln, wie ich es möchte und fühle, anstatt mir darüber Sorgen zu machen, was ich wollen und fühlen sollte."

Die aktive sexuelle Bestätigung in späteren Jahren hängt für verheiratete Frauen natürlich sehr vom Bedürfnis und der Leistungsfähigkeit der Ehemänner ab. Nach Masters und Johnson variiert die sexuelle Leistungsfähigkeit des älteren Mannes von Mann zu Mann. Sie hängt von seiner körperlichen Verfassung ebenso ab, wie von früheren sexuellen Gewohnheiten, die in der Jugend die Maßstäbe für das ganze weitere Leben setzen. Danach richtet sich seine sexuelle Reaktionsfähigkeit und sein Leistungsvermögen. Die wichtigste Vorbedingung für ihre Erhaltung ist die Weiterführung sexueller Betätigung. War er im Alter zwischen dreißig und vierzig Jahren in ähnlicher Weise wie im Jugendalter aktiv, wird auch im Alter mit einem gewissen Maß sexueller Leistungsfähigkeit zu rechnen sein. Beim Mann über sechzig besteht eine geringere Sexualspannung und eine geringere sexuelle Reaktionsintensität. Mit zunehmendem Alter ist, entsprechend vorliegender Untersuchungsergebnisse, nicht nur die Koitushäufigkeit, sondern auch die Masturbationshäufigkeit beim Mann vermindert. Die Masturbationshäufigkeit bei Frauen im gleichen Alter variiert nach persönlichem Bedürfnis, nicht nach körperlichem Vermögen. Abgesehen vom einen oder anderen zeitigt sie die gleichen Ergebnisse wie in der Jugend. Frauen an die achtzig können, wenn sie wollen, auf diese Weise beliebig Orgasmen erleben.

Der Mann ist viel stärker als die Frau auf seine Geschlechtsfunktionen festgelegt. Der weibliche Organismus produziert nur einmal im Monat, indem er ein Ei zur Befruchtung freisetzt. Der männliche Organismus produziert bei jedem Erregungszustand, der mit Ejakulation abschließt, Samenfäden. Der weibliche Orgasmus kann ohne Eisprung erreicht werden, für den Mann hat die Natur die Fähigkeit des Orgasmuserlebnisses an seine Fortpflanzungsbestätigung geknüpft. Nur der Mann, der zum Samenerguß noch in der Lage ist, was voraussetzt, daß er erigieren kann, hat einen Orgasmus. Die krankhaften Fälle des „plaisir sec" als „trockenes Vergnügen" bekannt, sind hier ausgenommen. Sie sind aber nicht die Norm. Je seltener das Ejakulat, desto seltener sind beim Mann die Höhepunkte. Für ihn sind Orgasmus und Befruchtungs-Funktion grundsätzlich aneinander gekoppelt. Die Frau, während ihrer empfängnisfreien Tage und nach dem vollständigen Erlöschen ihrer Fortpflanzungsfähigkeit, kann den Orgasmus erleben, wann immer sie Lust dazu hat, bis ins hohe Alter.

4. Mann und Frau in den Wechseljahren

Erklärt man einem völlig beschwerdefreien Menschen mit allen Zeichen bedauernden Entsetzens, wie schlecht er doch aussähe, wird er sich binnen kurzem tatsächlich schlecht fühlen. Die Bedeutung eines negativen Eindrucks nimmt zu, sobald er von anderer Seite bestätigt wird. Bedauerlich genug setzt sich die Vorstellung von Negativem schneller fest als das Gegenteil. Herabsetzung macht mehr Spaß und läßt sich leichter bewerkstelligen als Anerkennung. So ist Pessimismus ganz allgemein verbreiteter als Optimismus.

Dies alles trifft auf einen biologischen Vorgang zu, von dem hier die Rede sein soll und von dem schlecht Informierte annehmen, daß er nur Frauen beträfe. Diese irrige Auffassung führt zu herablassendem Mitleid der nicht betroffenen Umwelt. Was nicht nötig wäre. Der im Volksmund als „Wechsel" bekannte Zeitabschnitt, in dem die Empfängnisfähigkeit der Frau sich allmählich verringert, ist ein schon längst, wenn überhaupt erforderlich, aussteuerbarer Vorgang, der im übrigen nicht allein im weiblichen Hormonhaushalt vor sich geht. Seine Bedeutung für die Frau wird in einer gelegentlich geradezu sadistischen Weise hochgespielt. Panikartige Ängste sind die Folge. Damit ist sie nun tatsächlich nicht normal in ihrer Reaktion. So bleibt, wenn vom Klimakterium die Rede ist, den Wechseljahren, ausschließlich die Frau das „bedauernswerte Wesen", das leider auch noch von Medizinern vielfach wie eine „Kranke" behandelt wird, was nicht zu sein brauchte. Die Überschätzung der weiblichen Fruchtbarkeit, die von medizinischen Laien irrtümlich mit sexueller Leistungsfähigkeit gleichgesetzt wird, hat zu der Überbewertung normaler körperlicher Vorgänge geführt. Es entstand das verzerrte Bild von „Last und Not der Wechseljahre", das es bei den nicht zivilisierten Völkern gar nicht gibt und auch bei uns von solchen Frauen überhaupt nicht wahrgenommen wird, die sich nicht einreden lassen ab Mitte vierzig müsse man sich schlecht fühlen. Daß natürlich die Herablassung, die in einer Formulierung wie „Noch-Frauen" (im Hinblick auf Mittvierzigerinnen) liegt, Grund genug für den Großteil dieser Altersgruppe ist, an sich, an ihrer Geschlechtlichkeit und ihrer weiblichen Attraktivität zu zweifeln – nein zu verzweifeln, liegt auf der Hand.

Das Thema Wechseljahre der Frau wird zu einem Tabu, das für Frauen, nicht aber für Männer gilt. Männer sprechen in dem oben dargestellten Sinn über das weibliche Klimakterium, wie man über bedauerliche Unabänderlichkeiten spricht, Frauen vermeiden es darüber zu sprechen, zumal wenn sie sich gerade in diesem Übergang befinden. Teilten sie es dennoch mit und sprächen unbefangen darüber, würde es auf ihre Umgebung so schockierend wirken, als plauderten sie genau vom Gegenteil – ihrer Monatsblutung. Wird das Thema Wechseljahre von den davon Betroffenen zur Sprache gebracht, und lassen sie gar erkennen, daß sie genau diesen Zeitabschnitt organischer Veränderung erreicht haben, setzt ein merkwürdiger Mechanismus ein:

Die Markierung sozialer Wertschätzung sinkt, etwa so als reagiere ein Thermometer auf einen Temperatursturz von +25° C auf –10° C.

Bei soviel Herabsetzen weiblich-biologischen und damit gleichzeitig persönlichen Wertes nimmt es nicht Wunder, daß eine allgemeine Verkrampfung bei dem Großteil der Betroffenen einsetzt. Die Reaktion auf die drohende Prophezeihung, was alles der Frau in ihrer Lebensmitte zustoßen werde, wird prompt zu deren Erfüllung. Es liegen leider noch keine Untersuchungen darüber vor, warum. Von Frauenärzten bestätigt, glaubt ein Drittel der klimakterischen Frauen, die Hölle zu durchleben, ein weiteres Drittel gibt nur gelegentliche Beschwerden an und der Rest, befragt, stellt kopfschüttelnd die Gegenfragen: „Wieso? Ich fühle mich ausgezeichnet." Eine vergleichende endokrinologische (die Drüsensäfte betreffende) Untersuchung an einer größeren Anzahl von Frauen dieser drei unterschiedlichen Frauengruppen ist offenbar noch nicht systematisch durchgeführt worden. So bleibt die Medizin in Bezug auf das Phänomen unterschiedlicher Klimakteriumsbeschwerden, wie bisher, auf Vermutungen angewiesen. Diese machen allerdings stutzig: Frauen mit größerem beruflichen Engagement und breit gefächerten Interessen werden mit dem biologischen Alter besser fertig als die stark familiengebundene, nur auf Mann, Kinder und Haus fixierte Frau. Hier könnte man einhaken und die ohnehin bestehende Vermutung weiter verfolgen: Klimakteriumsbeschwerden sind eher kulturell und weit weniger biologisch bedingt. Sie bestehen insofern aus einer vorwiegend psychologischen Misere, die vermeidbar wäre! Gerade in der Lebensmitte der Frau beginnt sich nicht nur ihr Körper zu verändern, sondern – meistens gleichzeitig – auch ihre Lebensumstände. Wenn sie Familienmutter ist, trifft dies in ganz besonderem Maße zu. Die Kinder gehen aus dem Haus, entweder zur Berufsausbildung oder zur Berufsausübung mit dem berechtigten Wunsch „auf eigenen Beinen zu stehen". Sie möchten die notwendige Ablösung vom Elternhaus konsequent vollziehen, um auch innerlich unabhängig zu werden. Das Haus wird leer. Der Trubel, der zwar viel Mühe für die Hausfrau mit sich brachte, der Mutter hingegen immer wieder bestätigte, daß sie von ihrer Familie gebraucht wurde, hat aufgehört. Es ist plötzlich still geworden. Ihr, die nie Zeit hatte, stehen auf einmal scheinbar endlose Stunden zur freien Verfügung. Aber da sie diese Veränderung nicht rechtzeitig bedacht hat und sich immer nur auf die Familie eingestellt hatte, weiß sie mit der zusätzlichen Zeit nichts anzufangen. Der Vater, der das Weggehen der Kinder auch bedauern mag, ist gleichwohl besser daran als seine Frau. Etwas älter als sie, in den fünfzigern oder darüber, steht er noch voll im Beruf und spürt die

Leere des Hauses zumindest nicht den ganzen Tag. Am Abend ist er müde, zu müde, denn auch er hat seine Alterserscheinungen, die seine Lust am oftmals monoton gewordenen Eheleben stark einschränken.

Nicht mehr Familienmutter, sondern nur noch Ehefrau eines abgespannten und nicht immer glänzend gelaunten Mannes, sieht die klimakterische Frau sich plötzlich an den Rand des Lebens gedrängt, sieht Schreckensbilder von sich selbst – als Wegwerfgegenstand, gebraucht, verbraucht, zu nichts mehr Nutze, nicht mehr geliebt. Diese pessimistischen Betrachtungen wachsen sich zu handfesten Depressionen aus. Der Teufelskreis zwischen Angst und Beschwerde, zwischen Verzweiflung über die Unabdingbarkeit des Älterwerdens und der Ratlosigkeit darüber, was ihr noch zu tun übrig bliebe, wird zum Bannkreis, aus dem es für sie scheinbar kein Entrinnen mehr gibt. Körperliche Beschwerden, Schlaflosigkeit in nächtelangem Grübeln, Schwindel beim Aufstehen nach gestörtem, ungenügendem Schlaf, Schmerzen aus Verkrampfung ihrer düstereren Vorstellung heraus, Schweißausbrüche in der jähen Angst vor der völlig unklaren Zukunft sind die Folge. Wie weit ist das nun vom Nachlassen des weiblichen Hormones Östrogen abhängig, das übrigens allmählich – schon während und nach der Menopause – von Gonadotropien ausbalanciert wird (Ein Hormon, das die Keimdrüsen anregt)? Wie weit wurzeln ihre Beschwerden in der vergeblichen Sehnsucht, die Uhr ihres Lebens auf „Jugend" zurückzustellen? Von der Angst, als Frau nun, nachdem der „Wechsel" da ist, nicht mehr anziehend zu sein? Nie mehr geschlechtliches Verlangen auszulösen und keine geschlechtliche Lust mehr zu verspüren? Ist die Ehe lahm geworden, vielleicht durch ihre Schuld, weil sie sich mehr als dem Mann den Kindern und dem Hause widmete, gibt es Schwierigkeiten neue Antriebe zu schaffen, wo alles schon in Stillstand geraten ist. Dann ist ihre Weltuntergangsstimmung kein Wunder. Ist die Ehe dadurch müde geworden, daß er sehr bald vorgezogen hat, seine sexuellen Anregungen außer Hause zu suchen und seine Frau mehr oder weniger als Haushälterin zu betrachten, daß sie im Gefühl der Verlassenheit seelische Höllenqualen durchlebt. Diese können, wie man weiß, ihre, nicht minder höllische, körperliche Wechselwirkung haben. Was davon ist wirklich auf die Ausfallerscheinung der Eierstöcke zurückzuführen und was auf die aus den Fugen geratene Phantasie der hilflosen Frau? Wer sagt ihr, daß es außer dem Haus und den Kindern auch noch andere Zielsetzungen gibt? Wie viele dieser Frauen, fast alle ungenügend informiert, überlegen nicht, daß sie durchaus anziehend sein können, wenn sie sich nur nicht aufgeben und sich ihr Selbstvertrauen nicht zuschanden machen lassen? Wer belehrt sie, daß die Anziehung eines Menschen, weiblich oder männlich, keine Frage des Lebensalters ist, sondern persönliche Ausstrahlung, die sich mit zunehmendem Selbstbewußtsein in jedem Lebensalter noch einstellen kann? Daß es zu neuen Anfängen nie zu spät ist? Woher weiß sie schon, daß die Lust an der Sexualität und die Fähigkeit dazu keineswegs aufhört?

Es gibt keine Befragung darüber, aber es ist mit an Sicherheit grenzender Wahrscheinlichkeit anzunehmen, daß die Frau im klimakterischen Alter, die das Glück hat, eine harmonische Ehe oder eine außereheliche zufriedenstellende Verbindung mit einem ihr gemäßen Partner zu führen, trotz hormoneller Ausfallerscheinungen geringe oder gar keine Beschwerden kennt. Dies bestätigt die Forschung des Sexualwissenschaftlers Kinsey und seiner Gruppe. In zahlreichen Langzeitversuchen haben die Wissenschaftler beobachtet, daß die sexuelle Aktivität nach dem Klimakterium nicht mit den sexuellen Gewohnheiten der Jahre vor der Menopause zusammenhängt. Soziale Sicherheit, Bestätigung und Anerkennung erwähnen die Autoren als wesentliche zusätzliche Bedingung für eine erfolgreiche sexuelle Anpassung der Frau, was gleichbedeutend ist mit geringen oder keinen klimakterischen Beschwerden.

Es gibt in allen wesentlichen Forschungsberichten, ausschließlich amerikanischer Autoren, über das sexuelle Verhalten der Frau, Kinsey, Masters und Johnson, Hite, übereinstimmend den Hinweis, daß bei den meisten Frauen nach den Wechseljahren die Suche nach einer neuen Richtung für freigewordene Energien (losgelöst von Familienpflichten) und für den neu erwachten Geist beginnt. Eine bedeutende Zunahme sexueller Aktivität kennzeichnet die neu erwachende Libido (Lust am Geschlechtlichen) dieser Frauen im mittleren Lebensalter. „Häufig wird in dieser Zeit nach einem neuen Sexualpartner gesucht, wurde die eingefahrene und unbefriedigende Sexualpraktik geändert oder ersetzt." (Masters und Johnson)

Weitere amerikanische Autoren haben festgestellt, daß bei Frauen weit jenseits der Menopause allerdings ein Knick in der sexuellen Aktivität auftritt. Dies trifft für alle Frauen über siebzig zu, deren Ehemänner hinfällig geworden sind. Der Mann einer solchen Frau ist durchschnittlich um vier Jahre älter. Viele dieser Ehemänner sind körperlich erschöpft und eine sexuelle Betätigung ist für sie entweder wenig anziehend oder unmöglich. Folglich versagen sich die Frauen, die sich eventuell für eine regelmäßige körperliche sexuelle Betätigung interessieren wegen der körperlichen Gebrechlichkeit ihres Partners diese Möglichkeit. Außereheliche Sexualpartner fehlen aus dem gleichen Grunde den Frauen dieser Altersgruppe (Newman und Nicols).

Im Hite-Report über das sexuelle Erleben der Frau berichten Endfünfzigerinnen und ältere Frauen, bis in die siebzig, über das sexuelle Vergnügen, weil sie nicht mehr über unerwünschte Folgen nachzudenken brauchen und weil sie sich mit zunehmendem Alter von anerzogenen Hemmungen befreien. So lernten sie den Orgasmus auf diese Weise erst verhältnismäßig spät kennen. Diese Angaben decken sich generell mit denen anderer Autoren. Masters und Johnson kommen zu dem Schluß, „daß es für die Annahme, daß das Klimakterium bei der Frau eine Verminderung der sexuellen Kapazität, Leistungsfähigkeit oder Libido nach sich zieht, keine Begründung gibt, und daß durch die Alterungsvorgänge für die weibliche Sexualität keine definierbare zeitliche Begrenzung gesetzt ist." („Die sexuelle Reaktion")

Was wäre, wenn es sich in einer wie zuvor besprochenen vergleichenden Untersuchung zwischen „leidendenden" und „nicht leidenden" klimakterischen Frauen herausstellen sollte, daß die Hormonveränderungen ohne wesentliche Unterschiede bei beiden gleich ablaufen? Wie sähe in diesem Fall die therapeutische Empfehlung aus?

Was im Bewußtsein des Durchschnittsbürgers beiderlei Geschlechts tief eingedrungen ist, sind zwei voneinander abweichende Begriffe für den gleichen Vorgang zum gleichen Zeitpunkt: Die Frau hat um die fünfzig herum ihre „kritischen Jahre" und der Mann im gleichen Alter ist in den „besten Jahren". Beide haben die voraussichtliche Lebensmitte hinter sich gelassen, beide altern, was den Gesamtorganismus anbelangt, in der gleichen Weise und erleben die gleichen Leistungsminderungen. Selbstverständlich variiert das von Individuum zu Individuum, aber, im ganzen gesehen, nicht von Geschlecht zu Geschlecht - bis auf eine Tatsache: Der Mann bleibt fortpflanzungsfähig, solange er erektionsfähig ist und Spermien produziert. Diese Fähigkeit beweist sich allerdings nicht mehr so häufig wie in seinen jungen Jahren. Sie nimmt langsam und gleichmäßig ab. Mit anderen Worten, er bleibt potent, aber ist seltener zum Beischlaf in der Lage.

„Potenz", sagt Reutter wörtlich, „bedeutet nun mal für die Mehrzahl der Männer das Symbol und den Prüfstand ihrer Männlichkeit". Vielleicht ist das mit ein Grund, weshalb Ärzte nur zögernd der Erkenntnis zustimmen, die mittlerweile als bewiesene Tatsache gilt, daß der „Menopause" der Frau die „Andropause" (Greenblatt) des Mannes gegenübersteht. Die Verminderung der Androgenproduktion (Sexualhormon des Mannes, das unter anderem die männlichen Sekundärgeschlechtsmerkmale bestimmt) sinkt bei Männern zwischen fünfzig und sechzig Jahren ab. (Greenblatt) „Von seltenen Ausnahmen abgesehen, wird der Mann über sechzig meist durch eine, höchstens zwei Ejakulationen wöchentlich vollauf befriedigt, unabhängig von der Zahl der Möglichkeiten zum Koitus oder vom Sexualverlangen seiner Partnerin". (Masters und Johnson)

Der amerikanische Endokrinologe Greenblatt, stellt fest, daß Männer ebenso wie Frauen in der Lebensmitte „den verschiedensten Einwirkungen auf ihr Nervensystem ausgesetzt sind," und weiter „auch alternde Männer zeigen häufig ein durch psychosexuelle und somatische Beschwerden gekennzeichnetes Symptombild. Die Testosteronkonzentration (männliche Sexualhormone) sinkt für gewöhnlich ab . . ." Im Alter der mittleren Jahre kristallisiert sich für

Männer neben dem langsamer werdenden Ablauf der Lebensvorgänge weiterer Streß heraus: Das Behaupten im Beruf. Auch wenn er darin eigentlich alles Wünschenswerte erreicht hat, so ist ihm die jüngere Konkurrenz jetzt auf den Fersen. Das Nachlassen seiner Kräfte macht sich neuerdings auch, oder gerade, im Übermaß der beruflichen Beanspruchung bemerkbar. Er reagiert nervös und gereizt. Bricht bei der Frau in den mittleren Jahren die Angst vor Liebesverlust (Kinder, Ehemann, Umwelt) auf, so ist es beim Mann im gleichen Alter sehr ähnlich - die Angst vor dem Verlust der Anerkennung in Bezug auf seine Leistung und damit analog auf seine Person. Er gelangt, mehr oder weniger krampfhaft verheimlichend, in eine ähnliche Krise wie die Frau gleichen Alters, mit ähnlichen körperlichen Folgeerscheinungen, erhöhtem Blutdruck, Konzentrationsschwund, Schwindel, Kopfschmerz, Depressionen und allen möglichen weiteren von ihm nicht genauer definierten Beschwerden. Der „Mann in den besten Jahren" befindet sich mitten im „klimakterium virile", den männlichen Wechseljahren als Gegenstück zum weiblichen „Wechsel". Sein Versuch, die drohenden sich abzeichnenden oder schon eingetretenen Einschränkungen seiner Lebensansrpüche mit übertriebener Aktivität zu überspielen, büßt er mit körperlicher und geistiger Erschöpfung, wobei letztere für die Verminderung der sexuellen Aktivität des alternden Mannes entscheidender ist. Sie setzt seine sexuelle Reaktionsfähigkeit herab, das wiederum fördert seine Verstimmtheit. Bei der Frau setzt sich in erster Linie das Bewußtsein, als Geschlechtswesen nichts mehr zu taugen, in körperliche Beschwerden um. Dabei sollte sie sich lieber an den durchaus erfreulichen Gedanken gewöhnen, daß ihre erloschene Fortpflanzungsfähigkeit nichts mit ihrer Koitus- und Orgasmusfähigkeit zu tun hat, im Gegensatz zum Mann, der hier echte, wenn auch allmählich fortschreitende Einbußen erleidet.

Die mit der Zeit spürbare Verminderung der Beischlaffähigkeit (trotz erhaltener Fortpflanzungsfähigkeit) und das Bewußtsein des herannahenden Alters verschafft dem Mann vermutlich stärkeres - rein seelisches - Unbehagen, Nervösität und Reizbarkeit, als das veränderte Zusammenspiel seiner Hormone. Die blutandrangerzeugende Vergrößerung der Hoden ist häufig jenseits des 55. Lebensjahres nicht mehr vorhanden. Beim älteren Mann sind Intensität und Dauer der lokalen kongestiven Prozesse (Vorgänge des Blutandrangs im Genitalbereich) vermindert. Obwohl auch bei der Frau der Blutandrang im Genitalbereich geringer wird, ist doch davon nicht die Klitoris betroffen. Deren vasokongestive (blutgefüllte, gefäßerweiternde) Zunahme unterscheidet sich bei Frauen nach der Menopause nicht von der gleichen Reaktion von Frauen vor der Menopause. Die Erregung der Klitoris und die dadurch bedingten Veränderungen und Reaktionen sind bei jüngeren Frauen und bei Frauen nach der Menopause gleich. Die alternde Frau ist unabhängig vom Schwund ihrer Geschlechtsorgane, (der großen und kleinen Schamlippen, der Vagina und der Schrumpfung der Gebärmutter) vollkommen imstande, den

Orgasmus zu erreichen, besonders, wenn sie regelmäßig und effektiv stimuliert wird.

Reutter führt an, daß eine gewisse Gefahr in der Tatsache bestünde, daß auch Ärzte sich von ihrem kulturellen Hintergrund schlecht lösen können. Sie könnten durchaus bewußt Träger von Vorurteilen pro und contra sein. So gibt es Ärzte, die die psychischen und sexuellen Störungen beim alternden Mann lediglich als „Folge einer gewissen Resignation" ansehen, die „in einer bestimmten Lebensphase" auftritt.

Vermutlich ist es so, daß „die Phase der Resignation" in den „mittleren Jahren", auch als „Midlife-Crisis" in düsteren Farben beschrieben, überhaupt den Oberbegriff für die klimakterischen Beschwerden beider Geschlechter darstellt. Der Frau, die sich von jeher in der schlechteren Position befand, wird mehr Dramatik aufgebürdet – nach außenhin. Weiß der Himmel, was für dramatische Spannungen unter der Fassade des immer noch „topfiten Mannes in den besten Jahren" sich in Wahrheit abspielen.

Die absurde Vorstellung von der „sexuellen Untauglichkeit" der Frau leitet sich aus der Zeit her, wo ihre einzige Berechtigung zur geschlechtlichen Aktivität darin bestand, Kinder zu empfangen und zu nähren. Das war jene Zeit, noch nicht allzulange vergangen, in der das Patriarchat hartnäckig die Legende von der Gebärfähigkeit der Frau als deren einzigen Lebensinhalt verbreitete und aufrecht zu erhalten versuchte. Noch in den dreißiger Jahren gab es amerikanische Lehrbücher, in denen ein fragwürdiger Universitäts-Professor (E. H. Kisch) allen Ernstes dagegen wetterte, daß Frauen in den „kritischen Jahren" Geschlechtsverkehr pflegen oder daß „manche Frauen im klimakterischen Alter etwa einen jüngeren oder gleichaltrigen Mann heiraten." Eine derartige Heirat müsse mit Rücksicht auf die Gesundheit der Frau (!) verboten sein, meint Herr Prof. Kisch. Sexuelle Wünsche vieler Frauen nach der Menopause führte er auf psychische Störungen und krankhafte körperliche Verfassung zurück!

Manche Menschen erleben, wie bereits erwähnt, jedoch ihre altersbedingten Veränderungen nicht dramatisch, Frauen, wie Männer. Die Krise bleibt aus, weil das Altern akzeptiert und nicht mit „Katastrophe" gleichgesetzt wird. Die Anpassung an die sich mindernden Körperkräfte erfolgt vernünftig und ohne Sträuben. Realitätsbezogen und daher angstfrei, sind solche Menschen beiderlei Geschlechts negativen Suggestionen nicht zugänglich. Reutter berichtet im Zusammenhang mit dem Phänomen der Angst vor eingebildeten Katastrophen die Geschichte von dem blinden Passagier, den man im Gefrierwagen eines jener amerikanischen Güterzüge, die ohne anzuhalten das ganze Land durchfahren, tot auffand. Der Tramp hatte sich wohl am Startbahnhof zu kostenloser Fahrt eingeschlichen und sich plötzlich in einem Kühlwaggon wiedergefunden, der von innen nicht zu öffnen war. Ebenso grauenhaft wie charakteristisch für die Pointe der Geschichte war der Umstand, daß während der ganzen Fahrt zu keinem Zeitpunkt - weder zu Beginn, noch unterwegs - der Gefriermechanismus eingeschaltet war. Es war nicht einmal wirklich kalt in dem Waggon, sondern lediglich kühl. Der Mann war an der Überzeugung gestorben, nun erfrieren zu müssen, nicht an tatsächlicher Untertemperatur. Negative Suggestion kann, wie man sieht, sogar tödlich sein, wieviel eher kann sie „nur" krank machen, auch da, wo es gar nicht nötig wäre.

Zum Abschluß noch ein Wort zur Alterssexualität. Sie war lange Zeit ein Tabu der Peinlichkeit. Der alte Mann, der sexuelle Bedürfnisse zugab, oder sogar erkennen ließ, wurde zum „Lustgreis" gestempelt, dem die geistige Gesundheit abzusprechen sei. Die Alterssexualität der Frau wurde direkt geleugnet. Etwas vom mitteralterlichen Hexenhaß ist noch immer verspürbar, wenn der ehr- und tugendsame Bürger in einem Alter, in dem er sich selbst noch als sexuell vollwertig betrachtet, verächtlich auf alte Leute, speziell auf alte Frauen herabsieht, die offensichtlich noch ein Intimleben haben. Er findet, daß es in dem Alter „sowas" nicht mehr geben dürfe. Ist der alte Mann schon schlecht dran, so ist die Frau gleichen Alters, sofern sie Sexualität wünscht oder gar pflegt, das Ziel heuchlerisch-prüden Abscheus.

Dennoch halten im Gegensatz zu dieser weit und breit herrschenden Auffassung die sexuellen Bedürfnisse bei Männern und Frauen das ganze Leben lang an. Der Trieb erlischt nicht, auch wenn er sich weniger aggressiv äußert wie in jungen Jahren. Es kommt nicht auf die Häufigkeit des sexuellen Verkehrs zwischen zwei im gleichen Lebensabschnitt befindlichen Partnern an, sondern auf die Zärtlichkeit der Empfindung, die damit verbunden ist und auf die Entdeckung neuer Möglichkeiten.

5. Mehr Witwen als Witwer

Entsprechend dem Frauenüberschuß und der generell höheren weiblichen Lebenserwartung sind Frauen von der Witwenschaft wesentlich häufiger betroffen als Männer. Die meisten Frauen werden im Alter von sechsundsechzig bis siebenundsiebzig Jahren Witwe. Ihre Zahl betrug im Bundesland Bayern im statistisch erfaßten Jahr 1977, insgesamt 14 657, fast das dreifache der Witwer im gleichen Alter und im gleichen statistisch erfaßten Zeitraum, nämlich 5 154.

Die Gesamtzahl der Witwen im Alter unter fünfundzwanzig bis einundneunzig Jahren und älter betrug im größten Bundesland, Bayern, 32 166. Demgegenüber liegt die Zahl der Witwer mit 11 612 fast um zwei Drittel darunter. Man kann davon ausgehen, daß die Witwen überwiegend jünger sind als es ihre Männer waren. Hätten sie, selbst um etwa 1900 geboren, einen ca. zehn Jahre jüngeren Mann gehabt wäre die Wahrscheinlichkeit ihrer Witwenschaft um ca. 50 % geringer gewesen, das heißt, sie hätten sich längerer in Gemeinsamkeit erlebter Ehejahre erfreuen können.

Als Mann alt zu werden geht in unserer Gesellschaft, wie bereits ausgeführt wurde, mit weit mehr Privilegien und insgesamt mit mehr Ansehen einher. Ist der alte Mann Witwer geworden, so mag er für auf Sicherheit bedachte Frauen „passenden Alters", wie es in Ehe-Anzeigen heißt, oder auch für gleichfalls nach Sicherheit strebenden weit jüngeren Frauen, zum begehrten Objekt geworden sein. Heiratet er aber nicht oder nicht gleich wieder, erlebt er seine neue Stituation, ohne die, von der Hausfrau bislang gchütete und schutzgebende Häuslichkeit, als deprimierend und in der Lebensqualität eingeschränkt. Mag auch sein Einkommen durch Rente gesichert sein, in den weitaus meisten Fällen ist sein persönliches Wohlbehagen aus dem Gleichgewicht gebracht. Die höhere Selbstmordrate der Männer mag, obwohl in diesem speziellen Zusammenhang nicht differenziert statistisch erfaßt, ebenso mit ein Indiz sein, wie die Todesrate unter der Rubrik „seelische Störungen", die weit über derjenigen der Frauen mit gleicher Todesursache liegt. Männer werden auf das Alleinleben nicht „eingeübt". Frauen sind aufgrund ihres besonderen Status' im Alter isolationsgewohnter und darüberhinaus grundsätzlich selbständiger, wenn es um die Bewältigung des häuslichen Alltags in Einsamkeit geht. Freiwillig oder gezwungen, auch das läßt sich statistisch nicht erfassen – denn die subjektive Einstellung der älteren Frau zu ihrer Witwenschaft ist objektiv nicht feststellbar – sind Wiederverheiratungen unter geschiedenen Frauen sehr viel seltener als umgekehrt. Das mag aber daran liegen, daß der ältere Witwer aufgrund der herrschenden Altersunterschiedsnormen unter Umständen eher eine sehr viel jüngere Partnerin wiederfindet - sofern er das Nötige zu bieten hat. Eine ältere Witwe nimmt im sozialen Ansehen einen sehr viel geringeren Rang ein. Kann man davon ausgehen, daß die Wiederverheiratungen älterer Witwer mit jüngeren Frauen, aus beider Sicht betrachtet, Zweckehen sind, wobei auch Neigungsehen nicht ausgeschlossen sein sollen, so muß die ältere Witwe, wenn sie überhaupt eine Ehe eingehen will, schon auf die wirkliche Zuneigung warten, da sie in den seltensten Fällen die gleichen materiellen Voraussetzungen zu bieten hat wie der verwitwete Mann. Dieser behält sein Einkommen während ihre Witwenrente erlischt, sobald sie wieder heiratet. Auch diese sehr wesentlichen Faktoren sind im Hinblick auf die Lebensqualität älterer und alter Menschen und des sogenannten „verkehrten" Altersunterschiedes einer genauen Betrachtung wert.

III. Der Vater-Tic

„Erfolg ist der Sex-appeal des Mannes."
G. B. Shaw

1. Junge Frau sucht älteren Mann zum Anlehnen, Aufschauen und Versorgen

Patriarchat heißt genau übersetzt „Vaterherrschaft, die vaterrechtliche Gesellschaftsform, in der die Väter alles bestimmen".

Diese Gesellschaft haben wir. Die Väter bestimmen nicht nur über die Einzelfamilie, auch über Völkerfamilien, über religiöse Gemeinschaften, über Stadt- und Landgemeinden, über Wirtschafts- und Wissenschaftsinstitutionen, über alle Einrichtungen, in denen sich Menschen gruppieren und den Weisungen eines „Vaters" gehorchen. Das Vater-Leitbild beherrscht die Welt so umfassend, daß der „Vater-Komplex" von der Menschheit, soweit sie sich vaterrechtlich formiert hat, in seiner Allgewalt schon gar nicht mehr registriert wird. Es ist nun einmal so, und mit Unabänderlichem arrangiert man sich, mehr oder weniger bewußt, um des Überlebens willen. Und das von altersher.

Die Vatermacht auf Erden nach Gottvaters Vorbild einzurichten und auszubreiten, unwidersprochen, verehrt und bewundert, war und ist Wunsch und Wille der Väter. Durchaus gelungen wie man zugeben muß, wenn man von den irdischen Begrenzungen einmal absieht. Macht und Einfluß der Mütter, im so häufig und hilflos zitierten „Mutter-Komplex" beschworen, verschwinden ganz im Schatten der alles beherrschenden Väter, die im Vordergrund agieren.

Der Tic der Gottähnlichkeit – denn bereits im Alten Testament heißt es, daß Gott den Menschen (= Mann) nach seinem Bilde schuf – hat sich im patriarchalischen Bewußtsein festgehakt. Eine Änderung ist so bald nicht zu erwarten. Die Frau war nach alttestamentarischer Auffassung nur eine Beigabe des „Menschen", nicht „der Mensch" schlechthin. Darum sucht die „Beigabe" seitdem, immer im Bewußtsein ihrer Zweitrangigkeit, die schützende Nähe dessen, dem sie beigegeben wurde. Eva, das nachgeschaffene Wesen mit kleinen Konstruktionsänderungen, sucht Adam das Original – auf daß es ihr wohlergehe im Patriarchat. Ihre Bestrebungen, sich, etwa aufgrund der Konstruktionsabweichungen, selbst als Original zu erkennen und zu behaupten, ist nach wie vor schwach ausgeprägt. Wenn man die gesamte weibliche Menschheit in Betracht zieht, ist die Zahl der Frauen, die die Partnerschaft und nicht die Unterordnung suchen noch relativ gering. Die Vorschrift, die da lautet, daß er „ihr Herr" zu sein habe, wird von Frauen aller Nationen, Konfessionen und aller Schichten so willig als unabänderlich hingenommen, daß sie schließlich glauben, es sei der eigene Wunsch, nach dessen Erfüllung sie streben.

Um dies im Einzelfall immer wieder festzustellen zu können, bedarf es nicht der Einzelbefragung. Die Bekanntschafts- und Heiratsanzeigen der Tageszeitungen reflektieren in anschaulicher Weise die Partnerschaftsgepflogenheiten und Tabus unserer Gesellschaft. Ganz selten spiegeln sie auch die Abweichungen davon wider. Es gibt nichts Aufschlußreicheres. Hier sind in knappester und daher überzeugendster Form weibliche und männliche Wunschvorstellungen präzisiert. Sie ergänzen einander und beweisen, daß die von der Männergesellschaft gesetzten Normen, wie seit eh und je, die gleichen sind. In der Folge wird das Informationsmaterial, wie es sich aus der Sichtung dieser Anzeigen ergab, für die Behandlung des Buchthemas wichtig bleiben. Die Rolle dessen, der bestimmt, hat auf lange Sicht betrachtet, dem Mann aber nicht nur Vorteile eingebracht. Der ständige Hinweis auf seine Kraft und Überlegenheit, führte mit der Zeit dazu, daß die Frau ihm nicht nur zu dienen hatte, sondern sich ihrerseits seines Schutzes bediente. Der Schauplatz ihrer Pflichten wurde gleichzeitig Zuflucht und ist es überwiegend auch noch heute. Was sich in dem angestrebten „Schutzbereich Ehe" im einzelnen zwischen ihr, der Unterlegenen, und dem überlegenen Mann abspielte, steht auf einem anderen Blatt. Sie war, nach außenhin zumindest, erst einmal gesichert. Schließlich hatte er es ja so eingerichtet, daß sie ohne die Sicherheit der Ehe gar nicht existieren konnte. Sie wußte nichts und konnte nichts. Weibliche Selbständigkeit war lange ein Unding. Es gab sie allenfalls, aber nur bedingt, wenn sie eine reiche Frau war. Doch auch darauf konnte sie leichten Herzens verzichten, um die Verwaltung und Nutznießung ihres Vermögens lieber einem Ehemann anzuvertrauen. Die Verachtung der Gesellschaft für die übrig gebliebene „alte Jungfer" konnte bis zu Beginn unseres Jahrhunderts auch durch Geld nicht aufgewogen werden, zumal es keine Möglichkeit zu ungestrafter eheloser Beziehung gab.

So hatte Adam Eva am Hals, von Anbeginn. Auch wenn sie für ihn arbeitete – dennoch mußte er sie ernähren. Und das muß er, wenn er eine Familie gründen will, prinzipiell auch noch heute. In der Zwischenzeit haben sich Evas Ansprüche insofern verändert, als sie bedeutend höher und phantasievoller geworden sind. Die ausschließlich dienende weibliche Rolle wird allmählich auch von der ahnungslosesten Romantikerin nicht mehr gewünscht. Dafür stehen die Begriffe „Geborgenheit" und „sich anlehnen" vornean auf der Wunschliste der Frauen, die einen Mann suchen. Und dann kommen Anzeigen zustande wie die im Wortlaut folgende:

> Ich, blonde 33jähr. wünsche mir einen Mann:
> Der mich auf Händen trägt,
> Der mir die Welt zu Füßen legt, Der mir die
> Wünsche von den Augen abliest,
> Der treu ist wie Gold und nur mich liebt.

> Wenn Du glaubst, daß Du all dies fertigbringst und ich auch noch zu Dir aufsehen kann, nicht nur an Größe, sondern auch an Geist, dann schreibe mir unter Chiffre . . .

Das mutet an wie „Gartenlaube" Jahrgang 1886 und früher. Aus dieser Zeit scheint die junge Dame ihre Vorstellungen übernommen zu haben.

Gleich dahinter rangiert die „sichere Position", obwohl die – zugegeben – schichtspezifisch ist. Je langweiliger und schlechter bezahlt die Berufsarbeit der Frau, desto inniger der Wunsch nach finanzieller Absicherung durch die Ehe. Je eigenständiger, interessanter und verantwortungsvoller ihr Beruf, desto weniger fahndet sie nach beruflicher Sicherheit des Mannes – jedenfalls nicht beim ersten Wurf des Angelhakens, der Suchanzeige. Aber da ist die ganz andere und viel schwerwiegendere Sicherheit, die Frauen nach wie vor suchen – die unentwegte männliche Überlegenheit, die intellektuelle und die praktische, die Trost in allen Lebenslagen und Windschutz bei Schicksalsstürmen verspricht. Dieser Anspruch ist, genau betrachtet, ungeheuerlich und geht über das, was der Mann auf die Dauer zu bieten hat, weit hinaus, mag er sich auch noch so überlegen fühlen.

Das hat er nun davon. Die klischierte weibliche Erwartungshaltung, vor allem junger Frauen, ist von Chamissos „Frauenliebe – und Leben" zwar im Wortlaut, jedoch im Inhalt nicht allzusehr verschieden: „Er, der Herrlichste von Allen . . .".

Dieses Klischee hat das Patriarchat selbst geprägt. Es vereitelt heutzutage Verlobungen und sprengt Ehen – denn die jüngere Generation der Männer spürt die Überzogenheit des Rollenanspruchs und die Überforderung, die ihnen daraus erwächst. Das ist ihm – dem jüngeren Mann zumindest – sein sexuelles Bedürfnis nicht wert. Für seine Generation ist die Ehe fragwürdiger denn je.

Anders steht es mit der Gruppe der älteren Männer, die, stärker den patriarchalischen Vorstellungen verhaftet, sich gerne um den Preis überschätzen, sich mit einer jungen Frau schmücken zu dürfen. So finden sie sich denn häufig zur Erfüllung ihrer beiderseitigen vordergründigen Bedürfnisse zusammen: Die junge Frau im Wunsch nach wirtschaftlicher und menschlicher Geborgenheit und der ältere Mann in der Sehnsucht nach „junger Haut", deren Nutznießung ihn nicht nur erfreut, sondern sexuell auch selbst aufwertet.

Diesen Verbindungen soll Zuneigung nicht grundsätzlich abgesprochen werden. Doch liegt die Vermutung nahe, daß da, wo sich Äußerlichkeiten, wirtschaftliche Sicherheit auf der einen, stimulierende Jugend auf der anderen Seite in Angebot und Nachfrage ergänzen, Emotionen vielleicht doch eine geringe Rolle spielen.

Das gilt für die sehr großen Altersunterschiede in der Verbindung zwischen älterem Mann und jüngerer Frau. Die als „normal" angesehenen Unterschiede bis zu zehn Jahren gehören unter die Rubrik „usw. usw. . . ." Sie sind üblich, und welche Erwartung wer in wen setzt kann dahingestellt bleiben. In jedem Fall wird der Mann von seinem Recht der Herr im Haus zu sein, nicht abweichen wollen, und die Frau wird sich in den weitaus meisten Fällen danach richten, denn auch für sie ist diese Regelung eine gewisse Sicherheit, eine Erleichterung ihrer Lebensumstände. Kritisch wird es erst dann, wenn seine Entscheidungen den ihren genau entgegengesetzt sind. Ist sie sanft oder ängstlich, schweigt sie und nimmt ihre Magengeschwüre in Kauf. Schreckt sie vor Widerspruch nicht zurück, kracht es eine Weile im Gebälk des patriarchalischen Oberbaues. Aber wen kümmert das in einer Ehe, in der er nur bis zu zehn Jahre älter ist als sie? Kein Mensch sieht sich deshalb veranlaßt, eine analytische Betrachtung anzustellen.

Warum sucht die jüngere Frau den auf jeden Fall älteren Mann? Weshalb steht in den „Heiratsanzeigen weiblich", ebenso wie in den „Bekanntschaftsanzeigen", in 99 % aller Fälle ein Altersunterschied von mindestens fünf Jahren als Wunsch vermerkt? Die lange gelehrte und gelernte Überzeugung, daß höheres Alter Überlegenheit bedeutet, daß Überlegenheit gleichzeitig Schutz garantiert, und daß dies alles den wahren Mann ausmache, steht nicht nur bei den Männern fest. Alle Frauen leiden an dem gleichen Tic: Sie übernehmen ohne zu überlegen alte Schnittmuster, um ihre Beziehung zum Mann danach zu gestalten.

Eine Frauenzeitschrift brachte vor längerer Zeit als Experiment eine Anzeige, in der eine Gruppe alleinstehender Frauen nach alleinstehenden Männern inserierte, um vorerst zwanglose Geselligkeit zu pflegen. Ob sich daraus später persönliche Kontakte, Sympathie oder mehr ergeben würde, ließen sie als eine Möglichkeit unter anderen offen, ohne daraus eine Bedingung zu machen. Gefordert wurde nur, daß die Interessenten an diesen geplanten losen Zusammenkünften schriftlich über sich Auskunft gäben, über Interessen, über Beruf, Alter und Aussehen.

Das Experiment ist dem Vernehmen nach erfreulich verlaufen, und man könnte sagen, der Mut dieser Frauen zum Ungewöhnlichen sei anerkennenswert und zur Nachahmung empfohlen. Nachdenklich macht nur der Umstand, daß die Kriterien, nach denen diese scheinbar unkonventionellen Frauen ihre Partner wünschten, haargenau uralten Patriarchenvorbildern entsprachen: Er muß gut aussehen, muß größer sein als sie, klüger sein als sie und älter sein als sie (warum?) und im sozialen Rang über ihr stehen.

Da haben wir ihn wieder, den Frauentraum von der sozialen Sicherheit durch den Mann und dem damit verbundenen Ansehen in der Öffentlichkeit.

Das Prinzip, „er älter als sie", mag in einer Zeit der allgemeinen geringeren Lebenserwartung seine Berechtigung gehabt haben. Man konnte erst heiraten, wenn Einkommen und Aussteuer perfekt waren. Frauen bekamen möglichst früh Kinder, je später sie schwanger wurden, desto höher wurde das Risiko des Kindbett-Todes. Da konnte es schon sein, daß sie, da sie zuhause ihre einzige Ausbildung erhielt – die hauswirtschaftliche – und dabei auf einen Mann zu warten hatte, sehr jung heiratete. Der Mann, der um sie anhielt, mußte Berufsausbildung und Berufsbewährung hinter sich haben und konnte deshalb nicht so jung sein wie sie. War er bedeutend älter, so war der Wunsch nach der sehr viel jüngeren Frau der gleiche wie heute – Zierde des eigenen Alters, Aufwertung seiner männlichen Bedeutung, Anregung seiner nachlassenden Kräfte. Nicht zuletzt genoß er das Vollgefühl der Überlegenheit, die derjenige auskostet, der bedingungslosen Gehorsam entgegennimmt. Denn das ist zu allen Zeiten das Kennzeichen des Vater-Tics: Im väterlichen Alter hat der Ehemann seiner sehr viel jüngeren Frau gegenüber nicht nur den Wunsch sondern – glaubt er – auch das Recht darauf, Vorherrschaft zu üben. Es kann allerdings auch sein, daß sie sich wehrt und ihn erpreßt, indem sie sein sexuelles Bedürfnis zur Abhängigkeit ummünzt und damit plötzlich zur Unterdrückerin wird. „Die Berechnenden beiderlei Geschlechts", sagt Plack, „sind . . . angepaßt an die Ordnung, in der alles seinen Preis hat."

Liebe als Motiv sei nicht abgestritten, die Liebe, die nach Aufschauen verlangt und nach Anlehnen (vom Versorgen war jetzt lange genug die Rede). Eine Herrenkosmetikerin war es, die für sich und viele Geschlechtsgenossinnen mit „Vatertic" sprach: „Wir Herrenkosmetikerinnen können Falten nicht wegzaubern und wollen es auch gar nicht. Wir lieben die lebenserfahrenen Fältchen und die grau melierten Schläfen immer noch. Da sind wir altmodisch geblieben. wir Frauen . . . !"

Charakteristisch für diesen Ausspruch ist es, daß eine junge Frau ihn tat. Denn eines kristallisiert sich in der Betrachtung des Themas „Junge Frau sucht älteren Mann" deutlich heraus: Je jünger sie ist, je näher der Vatervorstellung ihrer Kindheit, desto sicherheitsbedürftiger ist sie. Sie sucht den älteren Mann, um sich als Kind-Frau unter den gleichen Schutz zu begeben, den der Vater in ihrer Kinderzeit ihr gab (ob tatsächlich oder nur angenommen, spielt dabei keine Rolle). Das ist nicht unabdingbar ein weiblicher Zug. Die Patriarchen haben sich die Frauen so herangebildet, haben sie im Seelen- und Geisteszustand des unselbständigen Kindes gehalten, um sie besser bestimmen und leiten zu können.

Je näher die Frau diesem Männer-Ideal kommt, desto dringender wird sie – siehe oben – an der Lebenserfahrung des älteren Mannes teilhaben wollen. Das gilt schon für den verhältnismäßig geringen Altersunterschied von sechs bis zehn Jahren. Das Ältersein des Mannes vermittelt auch bei einer geringfügigen Anzahl von Jahren den trügerischen Eindruck zuverlässiger Überlegenheit, die alles meistert. Je älter der Partner, desto weiser – glaubt sie. Sie möchte sich auf ihrer „weiblichen" Schwäche ausruhen, während er für alles Rat wissen soll.

Aber eine Gefahr zeichnet sich dabei ab, die nämlich, daß ihr, wenn sie erst zu eigener Selbständigkeit gefunden hat, der Überlegenheitsdruck zuviel wird. Denn eines steht fest, im Gegensatz zur älteren Frau in ihrem Verhältnis zum jüngeren Mann, wird der ältere Mann der jüngeren Frau bewußt seine Autorität entgegensetzen. Schafft er es, durch „kluge Leitung", oder auch durch rücksichtslose Durchsetzung, sie auf der Ebene des kleinen Mädchens zu halten und sie in immer stärkerem Maß von sich abhängig zu machen, wird sie nicht ausbrechen. Ihre Unselbständigkeit ist dann zu einer wirksamen Barriere gegen jedes Freiheitsgelüst geworden. Andernfalls verliert er sie. Wie oft das der Fall war, beweisen die Scheidungsziffern der Nachkriegszeit. Die bis dahin von ihren Männern gegängelten Frauen, hatten der Not der Umstände gehorchend die Selbständigkeit erfahren und eine Unabhängigkeit gewonnen, die den aus dem Krieg heimkehrenden Ehemann erschrecken mußte. Die eheliche Gemeinschaft war nicht mehr die gleiche. Die Scheidungsziffern in Bayern (bundesweite Statistik über Scheidungen existiert erst seit 1955) im Jahre 1946/47: 12 000 gelöste Ehen im Gegensatz zu den 3 300 Scheidungen im Jahr 1938/39 – vor dem Krieg, sind auffallend.

Der gleichaltrige Mann erfüllt der jungen Frau nicht in jedem Fall ihren Wunsch nach Geborgenheit. Die Väter selbst haben ihn anders herangezogen, ihm eine andere Einstellung zum Leben beigebracht. Er ist als junger Mann auf das „In-die-Ferne-schweifen" ausgerichtet, auf Selbsterfahrung, auf ein ganz erhebliches Maß an persönlicher Freiheit, in der er das Leben er-fahren kann. Der junge Mann ist froh, dem Schutz des Vaterhauses und der Besorgtheit der Mutter (!) endlich entronnen zu sein. Geborgenheit, für die junge Frau ein Ziel, ist ihm ein Schrecken. Stattdessen ist es ihm ein dringendes Bedürfnis, die Dinge aus eigenem Antrieb tun zu können, die der Vater ihm bisher vorschrieb. Denn, so stellt Volker Elis Pilgrim in seinem Buch „Untergang des Mannes" fest, „Vater zu sein, bedeutet alles zu können und alles zu haben, kurz Alleinherrscher zu sein." Und genau gegen diesen Druck protestieren die Söhne und schwören, es anders zu machen. Wieweit sie sich auch späterhin dem Vorbild entziehen können, ist eine andere Frage.

Der zwanzigjährige junge Mann, der das Elternhaus verläßt, ist auf der Flucht vor dem Vater und (noch) nicht so weit, selbst als Patriarch zu herrschen und zu leben. Für die zwanzigjährige Frau ist er selten Geborgenheit und daher für sie auch nicht immer der Ideal-Partner.

2. Festgelegtes Rollenspiel und verletzte Tabus

Setzt man sich über die Regeln hinweg, die durch Sitten und Gebräuche, aus Gesetz oder Gewohnheit, entstanden, erweist man sich als leichtsinnig und gedankenlos oder aber als mutig und risikofreudig. Entweder treffen den Abweicher die Konsequenzen jäh, und er empfindet sie als unerträglich. Dann kehrt er bereitwillig wieder zum Erlaubten zurück. Es kann aber auch sein, daß er damit gerechnet hat und bereit ist, die Konsequenzen auf sich zu nehmen. Bilden sich innerhalb der, wie immer auch gesonderten und festgelegten Gesellschaft Minderheiten, die sich nicht festlegen wollen und eigene Ordnungen errichten, so werden sie mit Haß verfolgt, dessen schlimmste Form in der Vernichtung gipfelt. Es braucht nicht gleich die persönliche Vernichtung zu sein, die dem Individuum den Tod bringt, es genügt, ihn durch „Rufmord" kaltzustellen und ihn aus der Nähe der „Normalen" zu vertreiben. Hohn, Spott, Verleumdung, Schikanen im kleinen sind hierzu geeignete Mittel. Je nach der Schwere des verletzten Tabus werden sie unbedenklich eingesetzt.

„Es geht uns kaum anders als den Homosexuellen. Zwar gehen wir nach dem Gesetz straffrei aus, aber die Umwelt straft uns mit unverschämter Verachtung", sagte ein junger Ehemann neulich, der mit einer neun Jahre älteren Frau verheiratet ist. „Was ist bloß dran an dem, daß er eine Ältere genommen hat?" heißt es, „der muß doch nicht normal sein. Vielleicht war er einmal homosexuell und hat sich an ihr hochgezogen? Oder ist es vielleicht noch und hat es gar nicht mit ihr? Oder hat er sonst einen Defekt? Der hat doch irgendwo 'ne Macke!"

Die zweiunddreißigjährige Ehefrau des Dreiundzwanzigjährigen wirkt, ungeachtet ihres Geburtsscheines, mindestens so jugendlich wie ihr Mann. Sie ist lebhaft, schlank, zierlich und bildhübsch, eine wirklich junge Frau, die aber durch den jüngeren Ehemann zur „älteren Frau" abgestempelt und mit scheelen Blicken betrachtet wird.

Der Schauspieler N. N., eine Lokalberühmtheit mit Charakterkopf, auf die sechzig zugehend, geschieden, hat seit neuestem eine zweiunddreißigjährige Freundin. „Der muß ja tolle Qualitäten haben, daß die so scharf auf den ist... !"

Der Soziologe, aufgeschlossen und progressiv, für den „Gesellschaftsveränderung" ein Fachterminus ist, hört, daß eine Anfang Fünfzigerin mit einem Enddreißiger verheiratet ist: „Ach? Ich würde ja sagen, allenfalls mit vierzig geht sowas. Aber danach? Es ist doch so, daß ein Fünfundsechzigjähriger frischer aussieht als eine gleichaltrige Frau. Na, solchen Paaren bleibt eben nichts anderes übrig, als sich ins Ghetto zu begeben . . ."

Der Mittvierziger, landesweit prominent, läßt sich nach über zwanzigjähriger Ehe von seiner gleichaltrigen Frau scheiden, um – na sowas! – eine Gleichaltrige zu heiraten! Ganz unverhohlen und geradezu enttäuscht wird der Meinung Ausdruck gegeben, daß dieser Publikumsliebling doch noch eine viel Jüngere hätte kriegen können – „ein Mann in den besten Jahren und in den besten Verhältnissen!"

Der Endvierzigerin, die einen um vierzehn Jahre Jüngeren heiratet, wird, obwohl auch prominent und beliebt, von der Boulevard-Presse vorgerechnet, daß sie demnächst fünfzig wird und ihr Mann dann sechsunddreißig ist, „dennoch" beschwichtigt das Blatt seine aufgescheuchten Leser „sind die beiden glücklich." Das ist tröstlich . . .

Der Medizinprofessor, auf das Problem des sogenannten „verkehrten" Altersunterschiedes angesprochen, gibt zu bedenken, „daß man da die Motivationen einmal prüfen müßte. Wie sind denn die wirtschaftlichen Verhältnisse des jungen Mannes? So? Leitende Stellung? Na, dann wird er sie wohl als Lehrmeisterin brauchen." Der junge Mann, um den es sich hier handelt ist durchaus erfolgreich und braucht in keiner Richtung mehr eine Lehrmeisterin. Aber Klischees sind offenbar unausrottbar (auch in Gelehrtenköpfen).

Viel stärker als der Mann, und sei er auch in untergeordneter Position, ist die Frau, selbst als Karrierefrau von hoher Intelligenz, auf die Billigung der „Väter" angewiesen.

Fügt sie sich unauffällig ins Patriarchen-Programm, wird sie gebilligt. Sprengt sie den Rahmen des Programmes, indem sie sich durch fachliche Leistung auszeichnet, kann das zwar eine gewisse Billigung erfahren, muß es jedoch nicht, das kommt ganz auf die Verhärtung patriarchalischer Prinzipien an. Jedenfalls – beliebter macht sie sich nicht. Wenn sie außer ihrer Tüchtigkeit auch noch mit körperlichen Reizen aufwarten kann, dann ist sie furchteinflößend, auch wenn das nie und nimmer eingestanden wird. Und schon ist ein neuer Begriff bei der Hand, dessen ursprünglicher Sinngehalt längst vergessen wurde oder vielen, die ihn ausgesprochen gehässig gebrauchen, nie bekannt war – „die Emanze".

„Emanzipation" heißt „Freilassung aus Abhängigkeit, bzw. Gleichstellung". Bei den Römern war „Emanzipation" die Freilassung eines Familienmitgliedes aus der väterlichen Gewalt. Jeder Mündige, „aus der väterlichen Gewalt Entlassene", ist im Grunde genommen ein Emanzipierter in der Bedeutung dieses lateinischen Wortes.

Die Gleichstellung der Frau, im Gesetz verankert, hat sich im täglichen Leben noch lange nicht vollzogen. Die Gesetzgeber, einsichtige „Väter" in diesem Fall, können gegen die vielen kleinen Einzelväter nichts ausrichten, für die die gleichgestellte Frau eine Unbequemlichkeit ist. Ihnen verursacht die „Emanze" den gleichen Schock wie ihren Vätern und Großvätern der „Blaustrumpf": Das ist in jedem Fall eine Frau, die aufmuckt. So findet sich in den Bekanntschafts- und Heiratsanzeigen soweit sie von Männern aufgegeben wurden, häufig der Vermerk, daß eine emanzipierte Frau nicht gewünscht sei. Umgekehrt beeilen sich viele Frauen auf ihrer Suche nach dem geeigneten Mann zu versichern, daß sie „keine Emanze" seien.

Die Autorität des Mannes über die Frau ist nicht nur mit einem sondern mit einer ganzen Reihe von Tabus belegt. Sie zu verletzen ist strafwürdig, sei es auch nur mit der Strafe der Verachtung. Dazu gehört auch mit an erster Stelle das Vorrecht des Mannes auf die jüngere Frau.

3. Der gekränkte Patriarch

Es war um die Jahrhundertwende, die Suffragetten waren bereits, wenn auch vergeblich, jahrelang am Werk. Sie kämpften in England und Amerika für die politische Gleichberechtigung, für das Stimmrecht der Frau. (suffragium, lat., heißt „politisches Stimmrecht".) Der Begriff „Emanzipation" stiftete große Verwirrung, weniger unter den Frauen, die sie anstrebten, als unter den Männern. Es gab zwar einige wenige darunter, die „die modernen Bestrebungen in der Frauenfrage", wie es schon damals hieß, nichts als ein „Unglück für das weibliche Geschlecht" ansahen. Aber die Männer, die „derartigen Unsinn" auch noch unterstützten, waren eben „irregeleitete Feministen", die man nicht genug anprangern konnte.

Ein Arzt 1903:
„... Es sind die vielen Feministen, d. i. Weiberhelden, unter den heutigen Männern, welche den Weibern die großen Rosinen in den Kopf setzen", meinte einer der gekränkten Patriarchen jener Zeit, und „das Weib hat nur die einzige Bestimmung, Kinder zu gebären, sie zu pflegen und sie zu warten ... Die Natur verlieh dem Weibe eine ganz kurze körperliche und geistige Blütezeit zum Zwecke des Gattenfanges. Ist dieser Zweck erreicht, verfällt es geistig und körperlich. Es wird häßlich und stumpfsinnig. Alte Weiber sind von jeher – und natürlich nicht ohne Ursache – Gegenstand des Spottes, ja des Hasses gewesen. Sie sind nicht etwa schlechter als die Jungen; aber da kein Jugendreiz mehr über ihre Dummheit und Bosheit täuscht, zeigt sich diese unverhüllt und in lächerlichen Formen an ... Es ist schädlicher Unsinn für die ganze menschliche Gesellschaft, die Weiber zu allen männlichen Gehirnleistungen und Berufswegen heranzuziehen ..."

Das gekränkte Schmollen geht bereits in lautstarkes Keifen über.

Und ein Journalist namens Hartmann schreibt in der gleichen Zeit in der Zeitschrift „Der Literat", ein Blatt für moderne Kunst und Literatur in Braunschweig, zutiefst gekränkt und deshalb entsprechen giftig:

„Wenn man den Anstrengungen zusieht, welche heute die Weiber machen, um Gleichberechtigung mit den Männern zu erkämpfen, so kann man sich eines Bedauerns nicht erwehren. Es ist dem weiblichen Geschlecht gelungen, sich im Laufe der Zeit in alle möglichen Fächer hineinzudrängen. Sie dürfen Universitäten besuchen, sind Malerinnen, Bildhauerinnen, Musikerinnen (oder Tonkünstlerinnen, wie sie sagen), Dichterinnen. Sie werden für Arbeiten verwendet, die ausschließlich von Männern versehen wurden."

Und triumphierend, wenngleich mit kaum verhohlener Angst, was sich noch alles daraus entwickeln könnte, fährt der eifernde Patriarch fort: „Trotz alledem hat sich das Weib nicht die Anerkennung verschaffen können, die ihm gebühren würde, wenn es imstande wäre, den Männern gleichzuschätzende Arbeit zu liefern. Im Gegenteil, dem größten Theil der Männer, will die Stellung des modernen Weibes als wenig berechtigt erscheinen. Der Kampf tobt nur noch heißer . . ."

Ein Berühmter seiner Zeit, zu Anfang bereits zitiert, Otto Weininger, Philosoph seines Zeichens, drückte seine Gekränktheit, hinter der man beim Lesen seines Buches „Geschlecht und Charakter", nachgerade persönliche Gründe vermuten muß, zwar wohlgesetzter und wissenschaftlicher, aber noch ätzender heraus:

„. . . Es ist das Verhältnis von Mann und Weib kein anderes als das von Subjekt und Objekt. Das Weib sucht seine Vollendung als Objekt. Es ist die Sache des Mannes oder die Sache des Kindes, und will trotz aller Bemäntelung nicht anders genommen werden, denn wie eine Sache. Niemand mißversteht so sehr, was eine Frau wirklich will, als wer sich für das interessiert, was in ihr vorgeht und (wer) für ihre Gefühle und Hoffnungen, ihre Erlebnisse und innere Eigenart eine Teilnahme in sich aufkommen läßt. Die Frau will nicht als Subjekt behandelt werden, sie will stets und in alle Wege – das ist eben ihr Frausein – lediglich passiv bleiben, einen Willen auf sich gerichtet fühlen. Sie will nicht gescheut noch geschont, sie will nicht geachtet sein. Ihr Bedürfnis ist vielmehr, nur als Körper begehrt oder als fremdes Eigentum besessen zu werden . . . Der Mann ist Form, das Weib Materie . . . Die Materie will geformt werden, darum verlangt das Weib vom Manne die Klärung seiner verworrenen Gedanken . . ."

Seinerzeit, in der Frauen sich aufmachten, ihr Ghetto zu verlassen, versuchten Männer – kluge Männer, wenn man den Biographen glauben darf – ihnen alles in den Weg zu legen, was hinderlich sein konnte. Die Gekränktheit des Patriarchen machte vor keiner Kränkung Halt und verkehrte das, was Frauen anstrebten, ins glatte Gegenteil.

Aber was sind fünfundsiebzig Jahre im Ablauf der Weltgeschichte, in der die Unterdrückung der Frau mit eingeflochten ist?

Heute, im Jahr 1979, schmollt der Patriarch immer noch oder schon wieder und keineswegs in einer feineren Wortwahl als die „Vor-Väter".

Ein aus kleinbürgerlichen Verhältnissen aufgestiegener Volkssänger vertritt die Ansicht, „Die echten Frauen wollen doch die Emanzipation gar nicht. Sie brauchen einen Mann! Das ist Naturgesetz! Das muß so sein. Einer muß bestimmen, Kinder und Frauen brauchen eine starke Hand, jemand muß der Rudelführer sein ..." – und er gibt gerne zu, ein „typisch deutscher Mann" zu sein.

„Ich liebe mein Bierchen am Abend, die Schluffen, die bereitstehen, und die Schnittchen vorm Fernsehapparat ..."

Diese Aussage bedarf keines Kommentars, so sehr sie auch dazu verleitet.

Und auf die Umfrage eines Herrenmagazins unter dem Titel „Hat die Emanzipation die Männer verändert?" stellen sich zutiefst gekränkte Antworten ein:

„... Die Emanzipationswelle hat nur einen Effekt auf mich ausgeübt: Wenn ich eine Emanze treffe, versuche ich, sie ein bißchen doller zu bumsen.

Mal ohne Spaß: Frauen gehören ins Bett und in die Küche und ins Kinderzimmer. Selbstverständlich gestehe ich den Frauen in einigen Bereichen Gleichberechtigung zu. Wenn eine Frau in der Arbeit so gut wie der Mann ist, dann soll sie auch wie ein Mann bezahlt werden ..."

Der Schreiber nennt sich „Sensationsdarsteller" und stammt aus Chicago. No comment ...

Subtiles Schmollen liegt in der Anzeige eines gewiß nicht dummen Mannes, der in der Art der Lockung, die er schwarz auf weiß in einer Wochenend-Ausgabe aufgibt, um sich den sichtbaren Beweis für seinen Patriarchen-Stand zu holen, großes Geschick beweist. Er negiert einfach das Frauenbild außerhalb der Patriarchen-Regel. Er ist der Held des Alltags und fühlt sich als der Überlegene, der eine schwache Frau in seinen Armen auffängt:

„Welche Frau möchte nicht gerne
eine feste Stütze im Leben finden,
an die sie sich anlehnen kann? ..."

und fährt nach kurzer Selbstdarstellung mit der Versicherung fort, daß er „viel geben könne, aber seine Schätze nicht verschleudern wolle ..."

Auch in der Anmaßung liegt Groll. Dafür ist die Wiedergabe dieser Anzeige nur ein Bruchteil eines Beweises.

Ist es schon schlimm, daß die Frau aus immer mehr „Halterungen" ausbricht, in die sie die Männergesellschaft gesteckt hat, so ist es geradezu skandalös, wenn Männer Männern die Solidarität verweigern und abtrünnig werden. Und das tun sie, sobald sie sich nicht mehr nach „Väter-Sitte" verhalten. Der Mann beispielsweise, der findet, daß der Beruf seiner Frau wichtiger ist als sein eigener und statt ihrer die Hausarbeit übernimmt: der von Männern vielgeschmähte Hausmann, der die Rollen tauscht und sich um Kinder und Hausarbeit kümmert (was übrigens weder den Kindern und dem Haushalt noch seiner Ehe Abbruch tut). Ein Abtrünniger ist auch der Mann, der, entgegengesetzt zu der bisherigen Gepflogenheit, seiner Frau „seinen Namen zu geben", nach neuem Recht den ihrigen annimmt. Dann gibt es noch den Mann, der seiner Frau Untreue verzeiht, anstatt sofort die Trennung von Tisch und Bett zu vollziehen. Er verzeiht, seiner eigenen Untreue eingedenk. Die Geschlechtsgenossen legen ihm dies aber nicht als Aufrichtigkeit, sondern als Schwäche aus: „Hau' sie doch zum Teufel!" Ganz schlimm ist natürlich der Mann, der sich „herabläßt", eine ältere Frau zu begehren. „Ist er denn ganz und gar wahnsinnig geworden?" Die ältere Frau des jungen Mannes ist für diesen einfach eine Schande.

„Ich habe gehört", sagt der ältere Bruder herablassend zu dem jüngeren, von dem bekannt geworden war, daß er sich zum zweiten Mal schon mit einer älteren Frau befreundete, „daß du eine Vorliebe für „Angegammeltes" hast."

Gerade dieses unverständliche Verhalten eines jungen oder relativ jungen Mannes stellt männliches Vorrecht so in Frage, daß es jedem „echten rechten Mann" unverzeihlich erscheinen muß. Er bedenkt den Geschlechtsgenossen denn auch mit der schändlichsten Beschimpfung, die er für seinesgleichen übrig hat, solche Männer sind überhaupt keine Männer, sie sind ganz einfach „weibisch". Oder, was ebenso schlimm ist, weil es unmännliche Unselbständigkeit beweist, er unterstellt ihm einen „Mutterkomplex". Jede gehässige Vermutung ist in diesem Falle gerade recht. Verstört wird nach Motiven gefahndet, die s o w a s möglich machen. Darauf, daß die Motivation für den sogenannten „verkehrten" Altersunterschied einfach Zuneigung füreinander ist, kommt der vom Patriarchen zum Patriarchen erzogene Mann nicht. Die Kränkung darüber, daß ihm widersprochen wurde, daß seine Geltung in Frage gestellt und seine Autorität nicht respektiert wurde, ist für den Ur-Patriarchen deshalb so arg, weil damit eine Bedrohung für die Männerwelt heraufzieht. Die Umwandlung aller Werte steht bevor. Chaos, so warnen die „Väter" beschwörend, wird die Folge sein!

Die Gleichberechtigung der Geschlechter, nicht nur auf dem Papier, sondern im Erleben des Einzelnen – unausdenkbar für jene, die aus der totalen Ungleichheit bisher ihren Nutzen zogen.

IV. Der Mutterwahn

„. . . weil, so schließt er messerscharf,
nicht sein kann, was nicht sein darf . . .”

Christian Morgenstern

1. Das Ungewohnte braucht eine Etikett
Ältere Frau nimmt jungen Mann - warum?

Ein Paar, das durch sein Äußeres erkennen läßt, daß einer der beiden älter ist als der andere, fällt in der Öffentlichkeit nicht auf, sofern der Mann der Ältere ist. Geht aber ein Paar in offensichtlich inniger Verbundenheit, Arm um Schulter, Arm um Hüfte geschlungen, durch die Straßen und ist sie älter als er, ist das für die Begegnenden immer noch ein Schock ungewohnt weil selten, selten weil „unpassend". Wie bereits ausführlich dargestellt, verletzt die ältere Liebespartnerin eines Mannes sein patriarchalisches Privileg. Der ältere Partner hat, so lautet die Anweisung der „Väter" das Vorrecht der Überlegenheit, und das ist männlich. Ist aber sie in Leugnung der „Naturgesetze" die Ältere, so ist sie auch die Überlegene, als Frau untypisch und daher die unpassende Gefährtin für den Mann, der nunmehr durch sie in die Rolle des Unterlegenen hinuntergedrückt wird. Dies jedenfalls ist die offizielle, vom Patriarchat geprägte Meinung. Nun erhebt sich für den in solchen Vorstellungen befangenen Bürger die beunruhigende Frage: Warum hat diese Frau, die doch ihrer „natürlichen Anlage" nach schutz- und unterlegenheitsbedürfig sein müßte, sich mit dem „Jungen" eingelassen? Entweder, sie ist eine herrschsüchtige Person und will das tun, was sie mit einem „normalen männlichen" Mann ja nie und nimmer könnte - sie will den Partner beherrschen. Sie will ihn bestimmen, sie will den Ton angeben, sie will ein Abscheu erregendes Mannweib sein, das die von Gott gewollten Rollen umkehrt: „Sie hat die Hosen an." Und außerdem will sie seine Jugendkraft in schamloser Weise ausnützen. Wenn das nach näherem Kennenlernen des ungleichen Paares, das friedlich, herzlich und ohne Herrschaftsgelüste miteinander lebt, leider als nicht zutreffend erkannt werden muß, gibt es eine andere, noch viel passendere Beantwortung der Frage, durch die - gottlob - Ver-rücktes nunmehr wieder in die alte Ordnung zurechtzurücken scheint. Na klar - sie hat einen Mutterkomplex! Sie ist die mütterliche Frau, die alles Junge zwanghaft unter ihre Fittiche nehmen muß. Sie kann ja gar nicht anders als beschützen und versorgen und als Ältere belehren . . . Die ist eben doch weiblich, wenn auch ein bißchen irregeleitet. Und beim Stichwort „belehren", bietet sich gleich eine dritte Möglichkeit der Etikettierung für dieses aus dem Rahmen fallende Verhältnis an: Da sie ihm so viele Lebensjahre voraus hat, ist sie natürlich auch die Erfahrenere (in der oftmals schlichten Vorstellung des Durchschnittsbürgers steht „erfahren" weniger für Lebenserfahrung schlechthin als vielmehr für sexuelle Erfahrung). Sie ist also, da sie ja schon lange weiß, wo und wie die Dinge zu geschehen haben, seine Lehrmeisterin. Diese Erklärung verschafft dem, der sich auf sie stüzt, um die Unbegreiflichkeit des verkehrten Altersunterschiedes einzuordnen, gleichzeitig noch angenehme Anregung seiner Sexual-Phantasie . . .

Ist der jüngere Partner einer vielleicht fünfzigjährigen Frau bereits in einem Alter, in dem diese Erklärung leider nicht mehr zutrifft, so Ende dreißig, weil er vermutlich genügend eigene und sexuelle Lebenserfahrung gesammelt hat, gibt es noch eine fabelhafte Möglichkeit: Er ist, da er ja viel jünger ist als sie, natürlich auch schwächer. So ist er also offenbar nicht erfolgreich. Seine wirtschaftlichen Verhältnisse liegen wohl im Argen? Er braucht einen Unterschlupf. Schon schließt sich der Kreis der Vermutungen auf geradezu zwingende Weise. E r hat einen Mutterkomplex. Sie hat, wie soeben festgestellt, auch einen Mutterkomplex. Beide haben einen Mutterkomplex. Denn was, um des Himmels willen, gibt es denn noch für eine halbwegs einleuchtende Erklärung für das, was nicht sein kann, weil es nach ungeschriebenem Gesetz nicht sein darf? Sie ist in jedem Fall, wie weiland Eva, die Verführerin des armen jungen Kerls, der entweder seine Jugend verschleudert, oder, falls er schlau ist, nur seine Lehrzeit absolviert, um sie nachher mit einer Jüngeren zu betrügen („Ist doch klar, kann doch gar nicht anders sein . . .") und sie sitzen läßt.

Das hat sie davon! Geschieht ihr recht, der perversen Person! Etikettierung aus viktorianischen Zeiten? Oder nur für bestimmte Schichten – das traditionsgebundene Kleinbürgertum? Oh nein – jeder Mann, welcher Bildungs- und Schichtangehörigkeit auch immer, ist bereit, die merkwürdigsten Begründungen hervorzukramen, sowohl für die Unmöglichkeit des „verkehrten" Altersunterschiedes, als auch für die Berechtigung seines eigenen „naturgewollten" Rechtes auf die viel jüngere Partnerin.

Die herrschende Vatermacht erzeugt den Wahn vom Übergewicht des Mutterkomplexes überall da, wo eine andere Erklärung nicht zu finden ist. Vom Vaterkomplex spricht bekanntlich keiner, wenn die Frau einen sechs bis zehn Jahre älteren Partner wählt und kaum einer, wenn der Mann fünfzehn, achtzehn bis zwanzig Jahre älter ist als die Frau.

Mütter hat es immer schon gegeben, anerkannt und verehrt als die Leben-Spendenden, als die in der Natur verwurzelten über Naturwissen verfügenden weiblichen Menschen. Die Mutter-R o l l e hingegen, der nur auf ihren Uterus und seine Folgen beschränkten, selbstlos sich aufopfernden „Heiligen vom Dienst", ist eine männliche Erfindung. Sie verweist das „Lebewesen Frau" auf ihre Anatomie, den Unterleib und dessen Funktion, in der Hoffnung, daß die oberen Zonen, in denen genau wie beim Mann, das Gehirn seinen Sitz hat, damit der allgemeinen Aufmerksamkeit entzogen würden.

Und das funktioniert bekanntlich noch heute.

Tiefenpsychologie wird vielfach falsch verstanden oder falsch ausgelegt: Der „Mutterkomplex" wird von Fachleuten als Ödipuskomplex bezeichnet, in Anlehnung an die griechische Sage, in welcher der Königssohn Ödipus, ohne Kenntnis seiner Herkunft, fern vom väterlichen Königshof aufwächst und seiner Mutter Jokaste begegnet, ohne zu wissen, daß sie seine Mutter ist. Er tötet den Vater, von dem er auch nicht weiß, daß er sein Vater ist und heiratet die Mutter. Als er die Zusammenhänge erfährt, sticht er sich die Augen aus und verläßt sie, entsetzt über das, was er ahnungslos begangen hat. Die Rachegöttinen strafen ihn für sein Vergehen. Er sühnt durch Blindheit und Ausgestoßensein. Der Ödipuskomplex, sagt Freud, entsteht im frühkindlichen Alter zwischen zweieinhalb und dreieinhalb Jahren. In dieser Zeit hat das Kind gelernt, sich als Person, als „Ich" zu begreifen. Zuvor hat es nur in der dritten Person, mit Namen, von sich geredet: „Gitti will Schokolade haben . . ." Jetzt sagt es: „Ich will Schokolade haben . . ." In dieser Ich-Phase des Kindes entwickeln sich andere Wünsche als bisher. Sie richten sich auf andere Objekte, auf Personen. Diese Wunschbildung, sagt Freud, hat eine weitreichende Einwirkung auf die Entwicklung des Gefühlslebens eines jeden Menschen, weit über seine Kindheit hinaus. Macht das Kind im ersten und zweiten Lebensjahr Teilerfahrungen, so fügen sich die Teile für das Kind, das sich nunmehr als „Ich", als Gesamtpersönlichkeit erkennt, zum Ganzen zusammen: Die Mutter, die als „böse" Mutter, wenn sie Verbote aussprach und strafte, in der kindlichen Vorstellung nur ein Teil war, und als „liebe" Mutter, wenn sie zärtlich war, ein anderes Teil, ist nunmehr die „Mutter als Ganzes". Sie ist die Hauptperson, auf die sich sämtliche Empfindungen und Bedürfnisse richten. Die Psychologen nennen das „Objektbesetzung". Das Objekt ist ein Elternteil, anfangs ausschließlich die Mutter. Das Kind entwickelt im Alter zwischen zweieinhalb und fast vier, mitunter auch fünf Jahren, Gefühle der Liebe und des Hasses, die denen der späteren Jugend und des Erwachsenenalters durchaus ähnlich sind. Auch Furcht und Eifersucht werden klar empfunden, ebenso wie die Wut auf Rivalen, die ihm unter Umständen die Zuneigung des Liebesobjektes, der Mutter, streitig machen. Neben den Geschwistern, falls solche vorhanden sind, ist dieser Rivale um die Liebe der Mutter an erster Stelle der Vater, den das Kind eifersüchtig zu hassen beginnt. Es wünscht seine, des Vaters Stelle, bei der Mutter einnehmen zu dürfen. Dies, so sagt Charles Brenner, ein Mitarbeiter Freuds, ist ein wirkliches Liebesabenteuer, für manche das heftigste Abenteuer ihres ganzen Lebens. Jedenfalls ist es, wenn auch der Erwachsene es unter die Schwelle seiner Erinnerungen verdrängt haben mag, eine Erfahrung, die an Intensität der später im Erwachsenenalter gemachten nicht mehr übertroffen werden kann. Liebe, Haß, Eifersucht und im Zusammenhang damit Furcht liegen in der Seele des Kindes miteinander im Widerstreit. Die Mutter nimmt in den ersten Lebensjahren auch die erste Stelle ein, erfüllt sie doch alle

Bedürfnisse des Kindes, die in der ersten Lebensphase noch relativ leicht zu befriedigen sind. Sie stillt seinen Hunger und sie gibt ihm die körperliche Wärme, die es braucht um sich gesund entwickeln zu können. „Nach dem zweiten Jahr," sagt Freud, „beginnt das Kind sich seiner Genitalien bewußt zu werden und gleichzeitig mit diesem Bewußtsein erwachen deutliche Triebwünsche. Der Wunsch, von der Muter ausschließliche Zuwendung, Zärtlichkeit und Bewunderung zu bekommen, ist vermutlich mit dem Wunsch verknüpft, erwachsen zu sein - so wie der Vater, der dies alles offenbar von der Mutter bekommt." Der Vater zu sein und mit der Mutter so umzugehen wie es der Vater tut, obwohl in der kindlichen Vorstellungswelt die Realität dieses Umgehens noch nicht begriffen werden kann, ist nunmehr der Beginn der sogenannten „ödipalen Phase" in der kindlichen Entwicklung, die nach Freud jeder Mensch durchmacht.

Hier soll zuerst von der Ödipus-Situation des kleinen Jungen die Rede sein, weil er aufgrund seiner anatomischen Beschaffenheit sich viel stärker mit seinem Rivalen, dem Vater, identifizieren kann. Der Knabe, der sich die Mutter ausschließlich für sich allein wünscht, weiß natürlich nichts von der geschlechtlichen Beziehung der Eltern zueinander. „Aufgrund seiner eigenen physischen Reaktionen muß er jedoch - unabhängig davon, ob er Gelegenheit hatte, seine Eltern zu beobachten - diese Wünsche in Zusammenhang bringen mit erregenden Empfindungen in seinen Genitalien und . . . mit der Empfindung und dem Phänomen der Erektion" (Charles Brenner „Grundzüge der Analyse").

Das Kind hat unklare Vorstellungen von der sexuellen Betätigung seiner Eltern, soviel steht fest. Aber seine Phantasie beschäftigt sich mit dem, was Vater und Mutter zusammen tun, sich vielleicht an den Genitalien berühren? Sie betrachten, oder sich, wenn sie ins Bett gehen, gegenseitig anfassen? Kommen in dieser Zeit Geschwister zur Welt, so erweitert sich die Phantasie des Kindes. Woher kommen die Babys? Wenn sie aus dem Bauch der Mutter kommen - die erste Erklärung, die ziemlich leicht abzugeben ist - wie kommen sie dann aber da hinein? Der Vater hat etwas damit zu tun. Er schenkt offenbar der Mutter das Baby. Und so ist ein wesentlicher Bestandteil ödipaler Wünsche das Verlangen, so wie der Vater es tut (einerlei wie das im einzelnen vor sich geht und der kindlichen Phantasie entzogen bleibt) auch der Mutter Kinder zu schenken. „Mamma, wenn ich groß bin, heirate ich dich." Es gibt wohl keine Mutter, die nicht über diesen Wunsch ihres kleinen Sohnes gerührt gelächelt hat. Aber hinter der kindlichen Ahnungslosigkeit über die Unmöglichkeit der Erfüllung dieses Wunsches steckt die ganze Explosivität des seelischen Vorganges, der „Ödipus-Komplex" genannt wird.

Die Unerfüllbarkeit dessen, was er möchte, ist dem Knaben dumpf bewußt. Es stellt sich Haß auf den Rivalen, den Vater ein, der im Todeswunsch für den

Vater gipfelt. Wenn er weg ist, gestorben, nicht mehr neben der Mutter, kann der kleine Junge seinen Platz einnehmen und alles das für sich haben, was bisher der Vater hatte - Zuwendung, Vertrautheit und jene Gemeinsamkeit, die er neidvoll zwischen den Eltern beobachtet hat und zu der ihm der Zugang verwehrt war. Dieses alles hätte er, der Sohn, wenn der Vater nicht wäre. Dem tabuierten Wunsch - denn wenn man anderen Menschen schon nicht weh tun darf, dann darf man sie bestimmt erst recht nicht ums Leben bringen - folgt unmittelbar der Konflikt im Wissen um das Verbot. Die Mutter möchte er, wie immer auch, für sich alleine haben, aber den Vater darf er nicht „totmachen". Furcht wegen des Verbotenen, das er heimlich gerne täte, stellt sich ein, die Furcht vor Bestrafung. Die Furcht ist umso größer, als in dem Kind die Vorstellung von der Allmächtigkeit seiner Eltern, insbesondere der des Vaters, herrscht. Außerdem wird der Konflikt verstärkt, weil der Knabe, neben dem eifersüchtigen Gefühl, für den Vater auch Liebe empfindet und ihn als Vorbild bewundert. Mehr oder weniger will jeder kleine Junge so werden wie der Vater, nicht nur, um dessen Platz einzunehmen, sondern weil er glaubt, damit erwachsen und folglich perfekt zu sein.

Das Kind leidet unter ungeheurer seelischer Spannung zwischen dem Verlangen nach Liebe und dem Haß darüber, daß ihm das, zumindest im gewünschten Ausmaß, verwehrt wird. Die innere Spannung wird verstärkt durch die Furcht vor Vergeltung, die für das Kind sowohl im Entzug von Liebe liegen kann, als auch in der Bestrafung für Eifersucht und böse Wünsche. Da jeder Junge seinen Penis als etwas sehr Wertvolles empfindet - denn schließlich hat der bewunderte Vater auch einen, wie sich das im Lauf der Zeit herausgestellt hat - bekommt er Angst davor, dem Vater unähnlich zu werden, indem ihm das Zipfelchen weggenommen wird. Da er mittlerweile auch festgestellt hat, daß andere Menschen, die Schwester oder die Mutter, nicht so etwas haben wie er und der Vater, ist das Wegnehmen von „so etwas" wohl möglich und vermutlich eine ganz besonders schlimme Strafe. Diese Angst nennt Freud „Kastrationsangst".

Die Kastrationsangst bringt den kleinen Jungen dazu, auf die Erfüllung seines dringendsten Wunsches, die Mutter ganz für sich allein zu haben, mit der Zeit zu verzichten und ihn dorthin zu verdrängen, wo Erinnerungen keinen Platz mehr haben, ins „Unterbewußtsein". Das ist die tiefe Schlucht des Gedächtnisses, wo alles hinabrutscht, an das man sich lieber nicht mehr erinnern möchte, weil es, aus welchen Gründen auch immer, unangenehm ist, daran zu denken - „mit Unlust besetzt" wie die Psychologen das nennen.

Der Ödipus-Komplex des kleinen Mädchens ist, wie Freud die Dinge sieht, zwar komplizierter aber im großen und ganzen läuft er ähnlich ab. Nachdem sie erst den gleichen Wunsch hatte, wie der Bruder, nämlich die Stelle des

Vaters bei der Mutter einzunehmen und mit Neid feststellt, daß ihre Anatomie ganz anders ist als die des Vaters, wendet sie sich jenem zu, in der Hoffnung, statt der ausschließlichen Liebe der Mutter, nun die des Vaters zu erhalten. Wenigstens will sie die Stelle der Mutter bei ihm einnehmen. Aber auch sie begreift sehr bald, daß dieser Wunsch unerfüllbar ist und verdrängt ihn, wie der kleine Junge, in die Tiefen ihres Unterbewußtseins.

Das also ist der Ödipus-Komplex, der im sogenannten „verkehrten" Altersunterschied dem jungen Mann als „Mutterkomplex" unterstellt wird.

Es entgeht dem voreilig Folgernden dabei etwas sehr wesentliches: Daß nämlich die Ödipus-Sehnsucht nach dem andersgeschlechtlichen Elternteil keineswegs vom Alter des jeweiligen Liebespartners abhängig ist. Die Sehnsucht des Mannes nach der Mutter bricht immer dann auf, wenn schwierige Umstände ihn bedrängen und er vor dem kaum noch Erträglichen eine Zuflucht sucht. Die Atmosphäre von Verständnis, Zustimmung und Zärtlichkeit in den Perioden äußerster Anspannung oder innerer Zerrissenheit ist für jeden Menschen, Mann oder Frau, dann wünscheswert, wenn er in Nöten ist. Aber nicht nur der Mann möchte gelegentlich von seiner Liebes-Partnerin be-muttert werden, auch die Frau in ähnlicher Lage, sehnt sich nach der Be-vaterung des Mannes. Der ältere Mann, der durch sein Ältersein das Image der Überlegenheit von vornherein hat, hat auch Momente menschlicher Ängste und Bedrückung – zugestanden oder nicht. Dann verlangt es ihn nach dem, was er „seine Ordnung" und seine „Gemütlichkeit" nennt. Dann möchte er, daß seine Frau seine beruflichen Sorgen anhört, daß sie ihm bestätigt, was für ein fabelhafter Kerl er doch ist und daß der Vorgesetzte, der ihn heute geärgert hat, ein ganz dämlicher Bursche ist . . . Wenn ihn die Grippe gepackt hat, will er, wie in Kinderzeiten, umsorgt und gehätschelt sein. Und wenn ihn die Depressionen der Midlife-Crisis heimsuchen, erwartet er vollstes Verständnis von seiner Frau, auch wenn sie zehn Jahre und mehr jünger ist als er. Er verlangt damit nichts anderes von ihr, als die Funktion zu übernehmen, die in seiner frühen Kindheit seine Mutter innehatte. Würde man ihm wegen solchen Verlangens einen Mutter-Komplex nachsagen wollen, würde er mit Recht protestieren. Die junge Frau, die einen älteren Mann wählt, erwartet von ihm – davon war schon die Rede – die Funktion, die in ihrer Rückerinnerung an die Kinderzeit der Vater hatte. Aber selbstverständlich wird sie dem Mutter-Verlangen ihres viel älteren Mannes auch dann entsprechen, wenn er es nötig hat, selbst in einem Alter, in dem er ihr Vater und sie seine Tochter sein könnte.

Die ältere Frau, die sich mit einem jüngeren Mann zusammentut, wird ihn vermutlich genauso, in Fällen, in denen er es nötig hat, be-muttern, wird aber nicht minder, wenn sie sich hilflos, bedrängt oder verängstigt fühlt, nach seiner Be-vaterung verlangen, auch wenn er zehn Jahre jünger ist.

Ein Stück der ödipalen Sehnsucht nach dem anderen Elternteil kommt in uns allen auf, wenn wir durch äußere Umstände, Ärger, Verlust, Anstrengung, Mißerfolge in die Hilflosigkeit unserer Kindertage geraten. Die „elterliche Stütze" ist, zumindest in glücklichen Liebesbeziehungen, dann immer der Partner. Der Ödipus-Wunsch, ob nach dem Vater oder nach der Mutter, zieht sich durch alle Altersgruppen und durch alle Altersunterschiede. Ebenso wie Anlehnungsbedürfnis nicht spezifisch weiblich ist und Schutzgewährung nicht spezifisch männlich. Wieviel ganz und gar tonangebende, überlegene Männer, die „Vaterfigur" nach Vorschrift, Beschützer ihrer viel jüngeren Frauen, werden im Greisenalter die Schutzbedürftigen, abhängig von der ehemaligen „Tochter-Frau" und froh, von ihr mütterlich umsorgt zu werden. Wieviele Witwer, die im hohen Alter ihre Frau verloren haben, bleiben völlig hilflos zurück. Und wieviel Frauen, die in einer Ehe mit einem älteren Mann verkümmerten, werden in einer zweiten Verbindung mit einem jüngeren Partner „väterlich" an die Hand genommen, um ein neues Selbstbewußtsein zu erlernen (!), wobei der jüngere Mann derjenige ist, der sie darin unterweist. Wieviel jüngere Männer bieten ihrer älteren Gefährtin, die sich geängstigt oder hilflos fühlt, die breite Schulter zum Anlehnen. Erst der Daueranspruch auf all dies - verständnisvolle Geduld, Stütze, Geborgenheit, Be-Mutterung oder Be-Vaterung - kann „Komplex" genannt werden, (komplex = umfassend) der den, der ihn zwanghaft zum Ausdruck bringt, ebenso plagt, wie denjenigen auf den er gerichtet ist.

Von all dem etwas und das nur gelegentlich, erlebt jeder Mensch an sich und findet, je nach Anlaß, für den jeweiligen Moment, beim Partner die geöffneten Arme, die ihn auffangen. Wo das, ohne Rücksicht auf die Verpflichtung der Rolle, die die Gesellschaft ihm oder ihr auferlegte, ganz selbstverständlich geschieht, kann man von einer wahrhaft glücklichen Beziehung sprechen.

Nachdem die Vermutungen der Umwelt über das „Warum?" schon aufgezählt worden sind, soll nunmehr von den tatsächlichen Gründen die Rede sein, die ältere Frauen veranlassen, sich für einen jungen Mann zu entscheiden. Wohlweislich heißt die Überschrift dieses Kapitels Ältere Frau „nimmt" jungen Mann und nicht „sucht" jungen Mann. Das zu tun, wird sie sich hüten. Denn noch schreibt die Gesellschaft vor, daß die Frau die Werbung eines Mannes abzuwarten habe. Mögen junge Frauen auch darauf pfeifen und sich vielleicht auch einmal aktiv um einen jungen Mann bemühen, ohne diese eheren Konventionen zu respektieren, würde die ältere Frau sich gezielt nach dem jungen Mann auf die Suche machen würde sie Schiffbruch erleiden. „Hemmungslose Person" wäre noch das wenigste, was sie an Beschimpfungen erwarten könnte. Sie braucht auch gar nicht zu suchen. Suchen setzt Plan und Absicht voraus, Zielsetzung. Die Begegnung zwischen ihr und dem jungen Mann ist immer spontan, unerwartet und eine Sache unwillkürlichen Erkennens zwischen beiden, das berühmte „auf den ersten Blick". Alle befragten Paare äußerten das gleiche.

Erst wird sie, die Reaktion der Umwelt fürchtend, zögern und dann allmählich wird ihr klar werden, warum der junge Mann, der da auf sie zukommt und sich um sie bemüht, der richtige Partner für sie ist. Frauen, die auf jüngere Männer Anziehungskraft haben, stellen immer einen ganz bestimmten Typ dar. Sie sind s p o n t a n, unbekümmert und wirken deshalb jugendlicher als ihr kalendarisches Alter aufweist. Sie haben trotz allen Erwachsenseins und aller Lebenserfahrung mädchenhafte Züge, weil sie nicht in das ihnen zugedachte Schema „erwachsene, vernünftige Frau" eingeklemmt sind, im wahrsten Sinne des Wortes. Sie sind flexibel und lieben das Unvermutete. Es sind Frauen, die den Mut haben, ihre Persönlichkeit auszuleben und sich dabei nicht um Konventionen zu scheren. Die Schwierigkeit, erwachsen zu werden, haben sie, wie jeder andere Mensch auch, erfahren und dadurch zu ihrer inneren Selbständigkeit gefunden. Daraus leitet sich ihr Freiheitsbedürfnis her und gleichzeitig ihr Respekt, den sie vor dem Freiheitbedürfnis anderer empfinden.

„Ältere Männer", sagt Änne S., vierzig, Journalistin, im Interview, „kommen mir vor, wie Wagen in einer Einbahnstraße, durch die sie freiwillig fahren, obwohl sie einen Umweg hätten fahren können, der ihnen die Möglichkeit gegeben hätte, sich in der einen und in der anderen Richtung zu bewegen. Sie sind, um bei dem Bild zu bleiben, festgefahren in einer Richtung auf ein bestimmtes Ziel. Ältere Männer sind mit ihrem Erfolg beschäftigt und sind ungeheuer eitel. Sie möchten unter keinen Umständen „aus der Reihe tanzen" und als „anders", als verrückt vielleicht, auffallen. Je älter sie werden, desto mehr erinnern sie sich der Tradition und daran, daß man sich prachtvoll an ihnen festhalten kann. Für sie ist wichtig, was „man" tut und was nicht. Ältere Männer sind immer weniger flexibel, sie überlegen das Für und Wider einer Sache viel zu ausgiebig. Spontane Unternehmungen sind ihnen ebenso verdächtig, wie spontane Äußerungen peinlich. Beides quittieren sie – meiner Erfahrung nach – mit einem hilflosen „was soll denn das?" Außerdem sind sie so leicht ermüdbar. Wenn einem so richtig zum Herumalbern zumute ist, oder einfach zum Losrennen, einfach so, sagen sie schlicht: „Du bist mir zu anstrengend!" Auf kritische Auseinandersetzungen lassen sie sich nur ungern ein, weil sie den Verdacht haben, man wolle ihnen auf die Schliche kommen und sie irgendeines Irrtums überführen, sie in die Enge treiben. Sie ziehen sich aus derartigen Gesprächen, die an ihrer Besserwisserei leicht zu einer Debatte mit kriegerischem Unterton werden, gern zurück, indem sie wieder auf das verweisen, was „man" tut und denkt. – Und sie fangen an, unbeweglich zu werden. Die Vorstellung, mit einem Fünfzigjährigen aus lauter Lust an der Bewegung und aus lauter Verspieltheit und Übermut in einer schönen Sommernacht die Freitreppe zum Schloß hinauf- und hinunterzurennen, oder mit einem Spaniel im Park einen Wettlauf zu veranstalten, wobei er (der Spaniel) natürlich Sieger bleibt – diese Vorstellung ist absurd. Mit einem fünfzehn Jahre jüngeren Freund kann ich das, und das ist herrlich. Es ist einfach Freude am Dasein, zwar nicht ohne Sinn, aber dafür ohne jeden Zweck. Ich kann mich mit Ingo auch viel besser z. B. über sozialkritische Themen unterhalten, in die Breite und Tiefe gehend. Ein Fünfzigjähriger – ich spreche da aus Erfahrung – wiegelt mich ab, weil ihm meine Kritik leicht zu aufsässig, subjektiv und hypertroph (übermäßig vergrößert) erscheint. Das, wofür ich auf die Barrikaden gehe, mein Engagement für die Minderheiten beispielsweise, nannte mein fünzigjähriger Bekannter in väterlicher Herablassung meinen „pubertären Idealismus" und mein Zärtlichkeitsbedürfnis „ungestüm". Ich kam mir am Schluß vor wie eine Kreuzung aus Sexualbestie, die ihrem Partner das Mark aus dem Knochen saugt und unvernünftigem Weibwesen, das allzu subjektiv und allzu gefühlsbetont (so die Meinung meines früheren Freundes) die Dinge übertreibt. Daß er ungern tanzte, und abends, vielbeschäftigter Jurist, der er war, viel zu häufig für meinen Geschmack, über Streß und Abspannung klagte, kommt noch hinzu.

Ingo, mit dem ich vor allem viel lachen kann, was ich für eines der wichtigsten Komunikationsmittel überhaupt halte, ist mit seinen sechsundzwanzig Jahren aufgeschlossen, kritisch, stets zum Neudenken und Umdenken bereit. Er beharrt nicht auf seiner Meinung als der einzig richtigen, sondern läßt zumindest die der anderen daneben gelten. Er versucht, sich in mich hineinzudenken. Außerdem ist er ein überaus zärtlicher Liebhaber. In unserer Beziehung ist nichts „Pflichtübung", weder im Geistigen, noch im Physischen. Ingo ist für sein Alter unglaublich fertig, finde ich. Er trifft Entscheidungen mit einer Sicherheit, die mich in Erstaunen versetzt und läßt sich darin nicht irritieren. Auch die Entscheidung, zusammenzuziehen, nachdem wir uns ein Jahr kannten, traf er, ich konnte zustimmen oder ablehnen. Er hat, völlig im Gegensatz zu meinem früheren älteren Freund, die angenehme Eigenschaft, erstens meine Arbeit mit ihren unregelmäßigen Terminen zu respektieren, zweitens, für sich selbst zu sorgen und nicht alle Hausarbeit von mir zu erwarten und drittens, ohne Eifersucht zu akzeptieren, daß ich auch einmal mit anderen ausgehe, mit Kollegen beispielsweise. Sowas schafft eine Vertrauensbasis, und, trotz der gelegentlichen „Vereinzelung", die wir beide als kreativ arbeitende Menschen brauchen, (Ingo ist Dramaturg) eine Gemeinsamkeit, die ich in keiner Beziehung mit einem älteren Mann kennengelernt habe. Auch in meiner Ehe nicht, die ich vor 15 Jahren geschlossen habe, die kinderlos blieb und nach vier Jahren geschieden wurde. Ich weiß nicht, wie lange die Beziehung zu Ingo dauern wird. Es auch ist unwesentlich. Es kommt nicht auf die Länge der Zeit an in einer Partnerschaft, sondern auf die Intensität mit der sie gelebt wurde. Das eine steht fest, ich werde danach nie mehr mit einem älteren Mann befreundet sein können."

Ein ganzer Katalog von Argumenten, den eine Frau da ausbreitet, um zu begründen, warum sie einen jungen Mann als Partner vorzieht.

Barbara S., Lehrerin, ist vierunddreißig Jahre alt, seit vier Jahren verwitwet. Sie hat eine zehnjährige Tochter aus dieser Ehe. Ihr Mann war drei Jahre älter als sie. Die Ehe war nicht glücklich und nicht unglücklich. Kurz nachdem ihr Mann starb, lernte sie einen fünfzehn Jahre älteren Mann kennen, der ihr ungeheuer imponierte.

"Zuerst fand ich ihn deshalb und seines väterlichen Verhaltens mir gegenüber ganz toll. Ich fand es herrlich, beschützt zu sein. Ich habe ihn regelrecht angebetet – was der alles wußte! Und dann, nach eineinhalb Jahren habe ich allmählich gemerkt, daß das im Grunde alles auf Kosten meiner eigenen Entwicklung ging; denn mit knapp zweiunddreißig ist man ja kein fertiger Mensch. Wann ist man überhaupt je mit seiner Entwicklung fertig? Ich konnte ihn doch nicht immer anbeten, dabei blieb ich ja klein. Ich war im Entwicklungsrückstand, das ist mir immer mehr bewußt geworden. Dann fing ich an, mich ziemlich massiv gegen sein Überlegenheitsgebaren zu sträuben. Ich wollte mir den Platz für meine eigene Entwicklung nicht beschränken lassen. Dazu gehörte auch, daß ich meine Unsicherheiten und Ängste und meine Reflexionen aussprechen und durchdiskutieren wollte. Ich wollte mich nicht nur beschwichtigen lassen, nach dem Motto „morgen sieht das alles schon ganz anders aus." Ich wollte im Gespräch bis auf den Grund der Dinge kommen. Da hat mein älterer Freund einfach nicht mitgemacht. Vielleicht hatte er Angst, daß eigene Ängste von ihm zur Sprache kämen? Die durfte er wohl nicht zugeben. Dafür war er schon zu weit von meiner eigenen Entwicklungsstufe entfernt. Ich weiß auch das nicht. Jedenfalls es klappte nicht mehr. Ich trennte mich dann von ihm. Das hat er nie begriffen, wo ich doch anfangs auf alles was er sagte in seinem Sinne re-agiert habe. Ich glaube, er ist sich heute noch nicht darüber im klaren, worum es ging.

Als ich dann Rolf kennenlernte habe ich mich erst sehr gewehrt innerlich. Rolf ist sechsundzwanzig Jahre alt. Als wir uns kennenlernten, war er vierundzwanzig. Aber als ich dann erlebte, daß ich mit ihm über alles was mich beunruhigte sprechen konnte, fand ich mich unwiderstehlich zu ihm hingezogen. Und das tollste war, er gab auch eigene Ängste zu. Endlich konnte ich richtig diskutieren. Rolf spielte nicht „Held". Er übt zu keiner Zeit einen Druck auf mich aus. Er läßt nie die Vermutung zu, daß ich irgendwo unterlegen sein könnte. Ich fing an, mich selbst zu mögen und ich glaube, das ist der springende Punkt. Wenn man sich selbst nicht mag, kann man ja auch nichts ausstrahlen. „Strahlen" mal wörtlich genommen. Dabei denke ich zurück an meine Kinderzeit. Mein Vater hielt mich zwar für intelligent, aber wenn ich wirklich irgendeine Leistung erbrachte, hat er aus seiner Verwunderung keinen Hehl gemacht. Da kann man sich ja vorstellen, wie schwer es ist, sich von dem freizumachen, was eine Frau können darf und was nicht. Mein Selbstbewußtsein war nie besonders ausgeprägt. Rolf hat ganz wesentlich zu meiner inneren Stabilisierung beigetragen. Durch die stückweise Befreiung von alten Vorbildern, wie sie mir mein Vater und mein älterer Freund vermittelten, und wie ich sie durch Rolf losgeworden bin, kam ich zu größerer Unbefangenheit. Ich lebe jetzt, für mein Gefühl wenigstens, intensiver. Ältere Männer haben auf mich ihre Anziehung verloren. Rolf und ich werden binnen kurzem heiraten. Wir verdienen beide gut. Wir wollen noch ein Kind haben. Das können wir uns deshalb leisten, weil er als Diplom-Ingenieur gut genug verdient, sodaß er eine Zeit lang Alleinverdiener sein kann.

Ob ich ihn bemuttere? Daß ich nicht lache! – Er hat in den vergangenen zwei Jahren, in denen ich allmählich zu mir selbst fand, mir eher „väterlich" dabei geholfen. Aber er ist, Gott sei Dank, nicht der Typ des Rundherum-Vaters, der immer recht haben will. Er ist nach allen Seiten hin offen, und das ist es, was ich brauche!"

Alter ist relativ. Das ist eine Binsenwahrheit. Der jüngere Mann kann durchaus die Reife beweisen, die der älteren Partnerin aus ihrer Unsicherheit hilft, ohne daß er Autoritätsanspruch daraus herleitet. Er ist, wie in diesem vorliegenden Fall zum Ausdruck kommt, „nach allen Seiten hin offen", einer noch jungen Frau von nunmehr vierunddreißig Jahren, das Wichtigste überhaupt.

Diese einander ähnelnden Begründungen könnten beliebig fortgesetzt werden und werden in den später folgenden Fallbeispielen wieder auftauchen.

2. Junger Mann sucht ältere Frau

Fluch der Gesellschaft

Er geht aus dem Haus, weil er „er selbst” sein will und nicht mehr Kind der Eltern. Sohn bleibt er zwar ein Leben lang – dagegen ist auch nichts einzuwenden, findet er – aber nicht Kind. Mütterliche Fürsorglichkeit und väterliche Belehrung empfindet er, herangewachsen, immer stärker als Druck. Bis es ihm eines Tages unerträglich wird und er die Umgebung seiner Kindheit verläßt. Er will beweisen, daß er ohne Hilfe „selb-ständig” sein kann. Genügend damit beschäftigt, sich aus elterlicher Stützung zu lösen und an elterlicher Autorität Kritik zu üben, hat er nichts weniger im Sinn, als den Vater zu kopieren.

Je mehr Tatkraft und Initiative er in seinem „Ausbruch” investiert, umso stärker entwickelt sich sein Selbstgefühl. Der Appetit auf Freiheit wächst, auf Freiheit der Entscheidung und des Handelns, auf persönliche Ungebundenheit. Bindungen, emotionale und soziale, sind ihm in dieser Zeit zwischen Mündigkeit und Erwachsenwerden ein Greuel. Er empfindet sie als Bedrohung. Und selbst, wenn er irgendwann eine Bindung wünschenswert findet, ist er deshalb nicht zur Aufgabe seines mühsam erworbenen persönlichen Freiraumes bereit. Er ist in jedem Fall, und immer zwischendurch, auf Distanz angewiesen, auf die Erholung vom Partner, um seine Kräfte und seine Zuneigung zu erneuern.

Junge Mädchen, das wurde schon gesagt, kurz in die Freiheit der Mündigkeit entlassen, wollen persönliche Freiheit in den wenigsten Fällen ausleben. Zwar wollen auch sie von elterlichen Weisungen nichts mehr wissen. Aber das Modell „Frauenleben”, das die Mutter ihnen, sei es durch Anschauung oder durch Unterweisung, eingeprägt hat, scheint den meisten von ihnen so erstrebenswert, daß sie die kurze Freiheit der Berufsausbildung und anschließender Berufsausübung, relativ schnell und erstaunlich bereitwillig wieder aufgeben. Zu einem bestimmten Zeitpunkt verheiratet zu sein, ist für sie weniger eine biologische Frage, als vielmehr die des Prestiges. Sie wollen eine Familie gründen, sie wollen Mann und Kinder haben, d. h. verheiratet sein. Statt neue „Frauenleben-Modelle” zu erfinden und zu erproben – die es bei einem Großteil junger Paare bereits gibt – wollen sie die Wiederholung dessen, was sie schon kennen: Sicherheit, vermittelt durch einen Mann. Das bedeutet im Sinne der patriarchalischen Gesellschaftsordnung gleichzeitig die Aufgabe persönlicher Freiheit und – Unterordnung. Sie wollen einen Mann finden, der sich vor sie stellt, der Unterordnung wünscht und Schutz dafür anbietet. Das Ansinnen, Schutz und Schirm zu sein, ist für den jungen Mann, der gerade seine persönliche Freiheit kennengelernt hat, viel zu schwerwiegend als daß ihm die Unterwerfung seiner Partnerin, geistig oder sexuell oder beides, dafür Ersatz und Ausgleich bedeutete. Nichts treibt ihn sicherer von der jüngeren Partnerin fort als die Forderung nach Eheschließung. Das junge Mädchen spürt zwar, daß die Aufgabe seiner Freiheit für den jungen Mann den höchsten Preis bedeutet, aber es erwartet diesen Preis dargebracht zu bekommen. So hoch schätzt sie den Wert ihrer Person ein. Die jungen Mädchen, die den Begriff „Liebe" romantisch verbrämen, sind bis zum Rand gefüllt mit falschen und sentimentalen Vorstellungen vom „Frauenleben" wie sie es gerne hätten. Daß ihre Liebe im Grunde genommen keineswegs selbstlos ist, ist ihnen gar nicht bewußt, so sehr hängen sie an ihrer Vorstellung vom jungen Eheglück. Das beinhaltet einen Hausstand – ohne Improvisationen – Beschlagnahme des Mannes und die Einvernahme seiner ausschließlichen Zuwendung, doppelte und dreifache Sicherheit: die emotionale, die gesellschaftliche, die wirtschaftliche.

Der junge Mann von ihrer Anmut und Jugend gerade noch berauscht, erschrickt. Er sieht sich zur Erfüllung solcher Vater-Funktion nicht imstande. Ist er sehr selbständig und damit selbstbewußt, hat er auch seine Ansprüche an das Mädchen, die über optische Reize und sexuelle Anziehung weit hinausgehen. Er will das Gespräch, und mehr noch – er will Anregungen, neue Denkanstöße, will Diskussion, Verständnis im Geistigen, nicht nur im Körperlichen, kurzum, er will die Auseinandersetzung. Und dann kommt er darauf, daß das mangelnde Verständnis für seine Wünsche und die Disharmonie, die sich dadurch ausbreitet, auch auf ihre körperliche Beziehung übergeht. Reine Emotionen halten das nicht mehr zusammen. Verschreckt und enttäuscht verläßt er die jüngere Partnerin und entdeckt die ältere Frau.

Die jüngeren Männer älterer Frauen, die sich zu diesem Thema interviewen ließen, gaben alle diese, hier in groben Zügen dargestellte Entwicklung ihrer Beziehung zu Frauen an: die Entfernung von der jüngeren, von ihnen als unselbständig empfundenen Frau, zu der älteren, die selbst innere und äußere Freiheit zu schätzen weiß und ihn nicht bedrängt. Das Verhältnis zu ihr gestaltet sich infolgedessen ohne Verkrampfung. Mit dem, was sie an mehr gelebten Jahren ihm voraus hat, ist es ihr auch leichter möglich, ihm Verständnis entgegen zu bringen. Sie sieht Probleme realistischer, versteht es, sich klarer darüber zu äußern. Die Gespräche mit ihr vermögen ihm Erkenntnisse zu vermitteln, die ihn weiterbringen in der eigenen Entwicklung. Sie engt ihn nicht ein. Sie erschließt ihm neue Möglichkeiten. Sie nimmt seine Jugendlichkeit nicht zum Anlaß, belehren zu wollen – sie ist, im Gegenteil, froh, mit ihm zusammen unbekümmert und frei von jenen Zwängen sein zu können, die ihr der ältere Mann aus guten Gründen auferlegt. Beide sind den Erwartungsdruck los, er den der jüngeren Frau, sie den des älteren Mannes. Sie fühlen sich frei miteinander und empfinden es als Glück.

Das wird ihnen von der Gesellschaft nicht nur mißgönnt, sondern hochgradig zerstört. Schuld an dieser mißlichen Bindung ist natürlich die ältere Frau – sie muß ja schließlich wissen, was sie tut. Der junge Mann bekommt nicht nur den Spott, sondern auch die Verachtung seiner Geschlechtsgenossen zu spüren, während seine Partnerin mit Gehässigkeiten und Verdächtigungen eingedeckt wird, deren Primitivität mitunter erschreckend ist. Noch in den sechziger Jahren wurde in Frankreich eine junge Lehrerin, die einen noch jüngeren Schüler liebte, ins Gefängnis gesteckt und durch Hetzkampagnen von unglaublichem Ausmaß zum Selbstmord getrieben. Der Fall erregte damals weit über Frankreichs Grenzen hinaus Aufsehen, und die Meinungen waren, wie man sich denken kann, geteilt. Hätte ein 33jähriger Lehrer an der gleichen Schule seine 17jährige Schülerin geheiratet, wäre dem Paar ein Glückwunschregen ins Haus gekommen.

Der junge Mann, der sich für die ältere Frau entscheidet, weiß, was auf ihn zukommt. Den Aufruhr der Gesellschaft mit Gelassenheit zu quittieren, sich nicht in Panik zu treiben und nicht von der Weiterführung der Beziehung abhalten zu lassen, setzt ein ungewöhnlich starkes Selbstbewußtsein voraus. So waren die Männer älterer Frauen, die im Interview Rede und Antwort standen, auch rein von der äußerlichen Erscheinung her, erstaunlich „gesetzt" – weit über ihr biologisches Alter hinaus, selbstsicher im Auftreten wie im verbalen Ausdruck. Jeder von ihnen wußte ganz offenbar was er wollte: Die unangetastete persönliche Freiheit, sich sein Leben nach seinen Bedürfnissen einzurichten. Und dazu gehörte für sie eben die Verbindung mit der älteren Frau. „Eine Liebschaft zu haben, setzt die Auseinandersetzung voraus", sagte ein vierundzwanzigjähriger gut aussehender Mann, der mit einer Einundvierzigjährigen befreundet ist. Darauf angesprochen, ob es ihn nicht störe, daß der Altersunterschied zwischen ihnen optisch deutlich wäre, meinte er gelassen: „Optik ist nur eine Normgebung. Nachdem ich eine Beziehung zu einer älteren Frau gehabt habe, ist alles anders."

Ältere Frauen sind flexibler und in jeder Weise aktiver, führen junge Männer als weiteres Argument dafür an, daß sie die ältere Frau dem jungen Mädchen vorziehen, und sie versuchen zu erklären, welchen Reiz für sie die Begegnung außerhalb der Norm ausübt:

„Warum", fragt Werner D., dreiundzwanzig Jahre alt und mindestens wie ein Siebenundzwanzigjähriger aussehend, „soll ich begründen, warum mir eine Frau gefällt? Der Geschmack ist doch bei jedem verschieden, was das Äußere anbelangt. Mich stört die dauernde Forderung nach Begründung. Kann man nicht Freude am Schauen haben, am Kontakte schließen und dabei – verdammt nochmal – das Thema „Alter" außer acht lassen? Ich gehe durch die Stadt und sehe mich um, sehe Frauen, alte, junge, interessante, dumpfe. Darunter ist eine, die mir gefällt. Ohne jede Begründung. Man muß wissen, was man fühlt, dann weiß man auch was man will. Die Definition ist doch egal. Ist der Kontakt einmal da, stellt sich dann später meistens heraus, daß man recht gehabt hat. Verständnis füreinander, Übereinstimmung in wesentlichen Dingen, das sind für mich keine Fragen des Alters. Niemand, der liebt, will sich in ein Schema pressen lassen. Ich finde das ist ein Anspruch, der freigekämpft werden müßte.

Und da ist noch was: Die sogenannten mütterlichen Typen unter den Frauen werden immer so herablassend betrachtet. Dabei ist das doch nur äußerlich. Auch Mütterlichkeit ist eine Rolle, in die Frauen hineingepreßt werden (!). Ich kannte mal eine Frau, die war in Stunden völlig umgekrempelt. Sie hat plötzlich völlig anders gewirkt. Die „Rolle" kann einem Menschen das Leben total versauen. Bei der Rollenverteilung wird das Menschliche völlig außer acht gelassen. „Was willst du denn", sagte ich zu ihr, „du bist doch frisch, du kannst doch noch alles –." Sie glauben gar nicht, wie plötzlich Selbstvertrauen wirkt, wie das eine Frau verändert! Einerlei, ob sie Augenringe hat oder Cellulitis oder ich weiß nicht was . . ."

Werner D. ist Künstler, spontan, sensibel und ungeheuer wahrheitsliebend. Seine Beziehung zu einer zehn Jahre älteren, dementsprechend auch noch jungen Frau (dreiunddreißig), hat seine Familie zuerst in Raserei versetzt. Aber die beiden haben sich nicht beirren lassen und nach zwei Jahren geheiratet. – „Und plötzlich ist alles ganz friedlich". Was Werner an seiner Doris besonders schätzt, ganz abgesehen von ihrem hübschen Äußeren: „Daß die Erlebnisfähigkeit nicht durch romantische Vorstellungen verbaut ist."

„Du stehst meiner Generation viel näher als deiner eigenen", sagt Gerd S. zu seiner älteren Freundin Ulla M. „weil deine Ursprünglichkeit für dein Alter einfach atypisch ist. Du bist eben soweit, daß dein Alter schon gar nicht mehr ins Gewicht fällt, weil du davon unabhängig bist." Gerd ist vierundzwanzig, seine Freundin einundzwanzig Jahre älter.

Eine bestimmte Gruppe junger Männer ab zwanzig und viele Frauen jenseits der dreißig, sofern sie flexibel, vorurteilsfrei, risikofreudig und unbeeinflußt von Normen sind, haben eines miteinander gemeinsam – die Sehnsucht nach der eigenen Freiheit und das Verständnis für die des anderen. Wenn dann noch Temperament und die Richtung ihrer Interessen übereinstimmen, finden sie sehr schnell zueinander, unbeirrt vom Getuschel hinter ihrem Rücken.

Konrad R. sechsundzwanzig, Bau-Ingenieur, mit einer acht Jahre älteren Kindergärtnerin verlobt:

„Mein Vater stand auf dem Standpunkt es schickt sich nicht für meine Frau zu arbeiten, ich bringe genug Geld nach Hause. Er verstand sich als Ernährer der Familie und wollte am Abend eine ausgeruhte Frau. Obwohl ich finde, daß nach einem Tag voller Hausarbeit von „ausgeruht" auch nicht mehr die Rede sein kann. Ich habe ein Elternvorbild, wie es mir zu keiner Zeit nachahmenswert erschien. Mein Vater, jeder Zug der Herr im Haus, meine Mutter hatte überhaupt nichts zu sagen. Sie wurde völlig in Unselbständigkeit gehalten. Vielleicht war ich deshalb von Anfang an im Umgang mit Frauen so allergisch, wenn eine mich zum Beherrscher machte und erwartete, daß ich den Ton angab oder gar den Beschützer spielte. Nichts für mich! In der Richtung wollte ich meine Ruhe. Mein Hang zu älteren Frauen war eigentlich schon immer ausgeprägt. Sie haben sowas Sicheres und wenn sie trotzdem in der äußeren Erscheinung jugendlich sind, schlank und hübsch, dann finde ich sie ungeheuer anziehend. Meine erste wirkliche Bindung an eine Frau war die an eine zehn Jahre ältere, soeben geschiedene, junge Mutter mit Kind. Sie bewegte sich toll und machte absolut den Eindruck, erwachsen zu sein – denkste! Alles was sie in ihrer geplatzten Ehe vermißt hatte, wollte sie mit allem drum und dran in die Beziehung mit mir pressen. Ich habe selten etwas Anlehnungsbedürftigeres erlebt als diese Frau, die zehn Jahre älter war als ich und die Mentalität eines kleinen Mädchens hatte. Ich fühlte mich für sie verantwortlich, klar, also ich kann mir nicht helfen – lange hielt ich es nicht aus. Diese ständige Erwartung, daß ich Rat und Hilfe wissen und sagen sollte, wo es lang geht – das war mir zuviel! Wenn sie fragen, warum ich jetzt wieder mit einer acht Jahre älteren Frau befreundet bin – ich weiß es nicht. Ich sagte es ja schon. Ältere Frauen ziehen mich eben an. Und bei Birgit ist das Zusammensein irgendwie freier, gründlicher auch. Wir reden sehr viel miteinander. Die andere wollte nicht die Dinge bereden, sondern fertige Resultate. Jetzt fühle ich mich wirklich wohl. Wir wollen bald heiraten. Birgit ist Witwe; sie hat schon ein Kind. Auch ich will noch eins. Was die Leute sagen? Erstens ist mir das wurscht, zweitens, meine Kollegen und unsere Freunde – da gibt es gar nichts! Die Kolleginnen von Birgit wissen nichts von dem Altersunterschied. Meine Eltern wohnen ziemlich weit weg. Mein Vater kann mich natürlich nicht begreifen, aber das stört mich nicht. Und meine Mutter ist sanft wie immer. Sie meint, das wäre mein Leben und ich müßte wissen, was ich täte. Als sie Birgit kennenlernte, war sie, scheint's, sehr angetan. Wissen Sie, das Problem existiert bei mir nicht mehr. Das war viel akuter mit meiner vorigen Freundin. Das Wichtigste ist doch in jeder Beziehung, vom Alter mal ganz abgesehen, daß man sich versteht, finde ich. Auf lange Sicht muß das die Umgebung akzeptieren."

3. Unterschlupf im Alter:
Älterer Mann sucht junge Frau

Er hat eine schöne Pension, hat Haus, Garten und Wagen. Nur eine Frau hat er nicht. Er ist Witwer, aber nicht gewillt, es auch zu bleiben. Das Wunschziel eines jeden Mannes, „seine Ordnung" zu haben, ist auch für ihn Wunsch Nummer eins. Außerdem ist er durch seine vorangegangene Ehe verwöhnt. Immer stand das Essen pünktlich auf dem Tisch, schmackhaft, versteht sich. Immer waren die Hemden tadellos gebügelt, lagen die Socken bereit, waren die Schuhe geputzt und der Anzug ausgebürstet. Hausarbeit ist zwar mit der linken Hand zu erledigen, es ist ja keine Arbeit im eigentlichen Sinn, so jedenfalls hatte er es seiner Frau gegenüber geäußert, wenn sie einmal klagte, aber daß er selbst kochen, putzen, waschen, bügeln soll – das wäre ja gelacht! Frauenarbeit ist schließlich nicht Männersache! und überhaupt – mit Ende sechzig machen sich doch hie und da Ausfallerscheinungen bemerkbar, die man nicht bis zur letzten Konsequenz durchdenken möchte, weil die Gedanken an die Zukunft und daran, was sie noch alles bringen könnte, ihn beunruhigen – Krankenlager vielleicht? Oder Beschränkung aufs Haus, weil die Beine nicht mehr mitmachen? Irgendwann ist so etwas ja möglich. Die Arthritis in den Knieen schreitet fort, die Blasenbeschwerden werden auch nicht weniger, und der Arzt hat ihm wegen seiner Herzkranzgefäße schon seit langem das Rauchen verboten.

Altersheim? So ein Wahnsinn, wo er doch das eigene Haus hat. Hauspersonal? Schade um das schöne Geld, das er für eine Haushälterin ausgeben müßte, die pünktlich das Haus verläßt, wenn ihre Arbeitszeit herum ist. Dann sitzt er abends allein vor dem Fernseher und muß allein sein Bier aus dem Kühlschrank holen. Das viele Alleinsein fällt ihm ohnehin auf die Nerven. Und neulich, als er mitten in der Nacht Herzbeschwerden bekam, war das richtig mit Angstzuständen verbunden, so allein. Obwohl – die Tropfen haben ja gleich geholfen . . .

Das Alleinsein ist noch schlimmer als die Hausarbeit, die ihm gelegentlich seine Schwester Elfriede erledigt, damit er nicht ganz und gar aufgeschmissen ist.

Aber das hilft alles nichts, er <u>ist</u> aufgeschmissen! Und wenn er ehrlich ist, ist das Alleinsein das Schlimmste an diesem Zustand. Wie oft hat er über seinen „Ehedrachen" gespottet und am Stammtisch mit großem Getön die Männerfreiheit gepredigt. Oft genug, wenn es gerade zwischen ihm und seiner Emmi selig gekracht hatte, hat er sich bitterböse darüber ausgelassen, daß die Frauen den Männern doch bloß ein Klotz am Bein seien. Er gesteht sich höchst ungern ein, daß er nicht allein sein kann. Aber die Bedrückung darüber ist so groß, daß sie nicht mehr zu verdrängen ist. Er kann nicht den ganzen Tag mit „Schnurzel", dem Dackel, spazierengehen, und jeden Abend in der Woche ist auch nicht Stammtisch. Besucht er Bekannte gleichen Alters, geht ihm die Betulichkeit der Ehefrauen der anderen auf die Nerven. Vor allem, wenn er anschließend in sein leeres Haus kommt und sein Abendessen selbst zusammenstoppeln muß. Allein das Einkaufen – er hört förmlich, wie die Verkäuferinnen tuscheln, wenn er die Ladentür hinter sich zuzieht: „Der arme alte Mann." Eine von ihnen, die gleichfalls verwitwete Frau Schrader, bedient ihn immer mit besonderer Aufmerksamkeit. Macht ihm direkt schöne Augen, die alte Schachtel mit ihren achtundfünfzig Jahren. Was die sich einbildet!

Und dann faßt er einen Entschluß: Eine Frau muß her. Eine, die noch knackig ist, die noch arbeiten kann, möglichst zwanzig Jahre jünger, damit die noch was bringt – in jeder Hinsicht. Eine, die sich um ihn kümmert, wenn es mit der Arthritis und den Coronarbeschwerden schlimmer wird, die sich um den Dackel kümmert und das angestaubte Hauswesen wieder auf Vordermann bringt. Wozu hat er denn soviel zu bieten, Haus- und Grundbesitz, Rente und sich selbst. Na ja, die Haare sind weg, und die Taille ist auch eher vollschlank. Aber wo spielt das eine Rolle bei so viel anderen Vorzügen, die er aufzuweisen hat? Schließlich ist er ein Mann in den besten Jahren, ein Mann, der sich sehen lassen kann und der seine Interessen hat. Wenn er erst wieder seine Ordnung hat und seinen regelmäßigen Tageslauf, dann kommt auch wieder die Lust am Wanderwochenend, wie früher mit Emmi selig. Dann geht er gelegentlich auch wieder mal schwimmen, was er seit Monaten nicht mehr getan hat, weil er „sich nicht danach fühlte". Und so setzt er sich denn hin und formuliert eine Anzeige.

Es ist nicht die im folgenden Wortlaut wiedergegebene. Aber die Situation des Inserenten, der sie aufgab, muß ähnlich gewesen sein: Ein alleinstehender Mann, der sein Haus in Schuß und seine Versorgung fürs Alter haben wollte, durch eine bis zu 20 Jahre jüngere Frau. Das Anliegen des Unbekannten, das gleichzeitig das Anliegen vieler seiner Altersgenossen ist, lautet:

> Tatkräftige lebensfrohe Frau ab 48 Jahre, mit Interessen für Musik, Natur, Wandern und Schwimmen zwecks Ehe gesucht. Bedingung: (!) Erfahren und tüchtig in Haushalt und Garten. Bevorzugt: Frau mit Ausbildung als Hauswirtschafts- oder Landwirtschafts-Lehrerin, Heimleiterin oder ähnliche Berufe. Ich bin Witwer, 68 Jahre alt, . . . groß, schlanker, sportlicher Typ, sehr vielseitige Interessen, Ruhestandsbeamter . . . mit sehr guter Versorgung . . . Einfamilienhaus in schöner Lage mit Garten und Schwimmbecken, sowie Auto vorhanden . . .
>
> Chiffre

Der Lockungen sind viele: Sichere Versorgung, eigenes Haus mit Garten und Swimming-Pool - nicht schlecht für die Hauswirtschaftslehrerin, die auch ihr Unterkommen sucht. Ein bißchen Gegenseitigkeit - warum nicht? Wenn er 20 Jahre älter ist, kriegt sie später einmal eine schöne Witwenrente, das sollte sie ruhig in Erwägung ziehen.

Herr Unbekannt, der so unverhohlen eine Pflegerin für sich und seinen Besitz sucht, bekam bestimmt massenweise Zuschriften. Denn so ist es nun einmal eingerichtet in unserer Gesellschaft: Er richtet das Angebot auf ihre Sicherheits-Nachfrage aus - von Gefühlen reden wir später, wenn überhaupt - und sie greift dankbar zu, ungeachtet der Nachteile, die dahinter stehen: Versorgung des Anbieters durch Dienstleistung.

„Du, als meine Hausfrau - " pflegte ein mittlerweile Endsechziger zu sagen, wenn er, der Anfang 50 noch schnell vor Toresschluß einen Unterschlupf suchte, seiner 13 Jahre jüngeren Ehefrau penible Vorwürfe macht.

„Du, als meine Hausfrau" ist das Stichwort für Männer, die zur Leidenschaftlichkeit nicht mehr fähig, im Abendsonnenglanz ihrer späten Jahre sich zurücklehnen möchten in dem von der jüngeren Ehefrau zurechtgerückten Lehnstuhl.

Das gilt - um Mißverständnissen vorzubeugen - natürlich nicht für die Paare, die, in welchem Altersabstand auch immer, zusammen alt geworden sind. In diesen Verbindungen, in denen mit den Jahren und Jahrzehnten die Vertrautheit zugenommen hat, übernimmt die jüngere Ehefrau, auch wenn sie in ihrer Jugend von ihrem Ehemann gegängelt wurde, gewiß gern die Mutterfunktion. Und sie wird es mit Zuneigung und Überzeugung tun.

Anders die Fälle, wo bis dato verknöcherte Junggesellen oder Witwer den Unterschlupf für das herannahende Alter suchen, die Erfüllung eines Wirtschaftsvertrages, sprich 'Ehe'.

Aber es sind nicht nur die alten Männer, die auf weibliche Bedürfnisse nach einem Mann um jeden Preis reflektieren: Die nachfolgende Anzeige klingt keineswegs nach beginnendem Senium (Greisenalter), sondern einfach nach Bequemlichkeit. Obwohl sie im Grunde eine Unverschämtheit darstellt, ist sie in ihrer Unverhohlenheit wenigstens noch halbwegs sympathisch. Er möchte ohne Anstrengung bequem und kostenlos unterkommen, und hofft auf angenehme Weiterungen. Er sagt unverblümt was er will:

Hilfe!
Ich eß' so gerne Gugelhupf
Wer gibt mir einen Unterschlupf
Hast Du in Deiner Wohnung Platz
Dann bin ich gern Dein treuer Schatz
Noch bin ich der große Renner
Doch ohne Wohnung bald ein Penner
Das kann doch nicht Dein Wille sein
Drum laß mich endlich zu Dir ein . . .
Chiffre

Gott segne sein männliches Selbstbewußtsein, „noch bin ich der große Renner". Vermutlich findet er sich witzig und glaubt, daß er mit diesem Anzeigenvers so überwältigend wirkt, daß zahllose Wohnungstüren sich ihm – kostenlos versteht sich – öffnen und weiche Frauenarme sich um seinen Hals legen, während im Hintergrund schon die Willkommensmahlzeit brutzelt . . .

Auch der im Tauschverfahren gesuchte Unterschlupf eines Mittfünfzigers ist nicht schlecht geplant, wie nachstehende Anzeige ausweist:

Umgänglicher intell. und begeisterungsfähiger Dame mache ich (56/186 gesch.) dieses
Tauschangebot: Suche gemütliches Winterquartier biete excl. Reisen und (Segel-) Törns im Sommer.

Begeisterungsfähig muß sie schon sein, die Dame, die auf das Tauschangebot eingeht, zur Winterszeit zusätzlich eine Person in ihre gemütliche, und (wie er sicher hofft) aufgeräumte Wohnung hineinzunehmen, hinter ihm herzuräumen, ein Bratkartoffel-Verhältnis zu beginnen und dafür im Sommer gelegentlich mitgenommen zu werden. Die Einhaltung dieses Versprechens ist zumindest nicht so bombensicher, wie der Daueraufenthalt im gemütlichen Winterquartier. Der steht ihr todsicher ins Haus, wenn sie in ihrer Umgänglichkeit und Begeisterungsfähigkeit einmal „ja" gesagt hat zu diesem fragwürdigen Tauschangebot. Solche Männer sprechen die Glucken-Instinkte der Frau in so direkter Weise an, daß man es nur als Unverfrorenheit bezeichnen kann. Mutter-Komplex ist das zwar nicht zu nennen, aber dafür mit Sicherheit Gewinnkalkulation. Hier geht es um den Profit, den der ältere oder alte Mann durch die Vitalität und die Arbeitsfähigkeit einer Frau vor allem aber durch ihre Gutmütigkeit auf seiner Haben – sprich Bequemlichkeits-Seite buchen möchte.

Der billige Unterschlupf gegen mäßige Gegenleistung, entweder durch die Rente, die er ohnehin bezieht, oder durch männlichen Charme, den er sich möglicherweise nur einbildet, wie der Gugelhupf-Esser, oder völlig unsichere Tauschangebote deren Einhaltung keineswegs gewiß sind.

„Die Heilige vom Dienst", die Mutter mit dem Opferinstinkt, die nichts für sich fordert, sondern für ihre kleinen und großen leiblichen oder imaginären Kinder nur hergibt, diese sentimental eingefärbte Frauenrolle auf Lebenszeit, wurde auch von Männern erfunden. Vom Opferinstinkt der dazugehört, und der dem armen Weib nur eingeredet wurde, profitiert der Mann sein Leben lang.

U n d s i e m e r k t e s n i c h t.

V. Rollenverschiebung heute

„Sehe jeder wie er's treibe,
sehe jeder wo er bleibe,
und wer steht, daß er nicht falle."

J. W. von Goethe

Ehen mit „verkehrtem" Altersunterschied im Lichte der Statistik und der Praxis

Statt die Geschlechtsunterschiedlichkeiten zur Wertbemessung zu mißbrauchen, einseitige, männliche Vorrechte zu schaffen, und das Welt- und Menschen-Bild willkürlich zu gestalten – „die Männerwelt, in der die Frau nur am Rande Platz hat" – sollte es doch möglich sein, beide Geschlechter sowohl in ihrer geschlechtspezifischen Eigenart als auch mit ihren individuellen Bedürfnissen und Möglichkeiten gelten zu lassen ohne diese einzuengen oder gar zu verhindern: „Weil sie eine Frau ist, kann sie dies und jenes nicht tun" oder, „wenn sie nicht gebären will, ist sie keine „richtige" Frau" oder, „sobald sie nicht mehr gebären kann, ist sie keine richtige Frau mehr" oder, um auf die besonders unverständliche männliche Forderung zu kommen, mit der sich dieses Buch befaßt; „Weil sie eine Frau ist, hat sie in der Partnerschaft unter allen Umständen jünger zu sein."

Für Frauen, die finden, daß das Bild, das sich der Mann von ihnen macht oder machen möchte, genau ihren eigenen Vorstellungen von sich entspricht: zart, klein, hilflos zu sein, anlehnungsbeflissen, weil an körperlicher wie an geistiger Kraft unterlegen, Frauen, die das kindliche Schutzbedürfnis ihrer Kleinmädchenzeit nie abgelegt haben und den Stärkeren brauchen, um sich glücklich zu fühlen, sollen haben was sie wollen. Frauen, die innere wie äußere Eigenständigkeit entwickelt haben, die an sich gearbeitet haben, die Auseinandersetzung im Leben suchen, sei es im Beruf oder in der Partnerschaft, die nicht im Gehege männlichen Schutzes und männlicher Weisung – „mein Mann hat gesagt . . . !" verharren möchten, sondern sich als Mensch, als weiblicher Mensch, zu neuen Erkenntnissen und Verhaltensweisen bekennen, die ihre Kräfte, soweit sie sie in sich verspüren, auch erproben wollen, die er – leben wollen, wie weit ihre Möglichkeiten reichen, soll es überlassen bleiben was sie tun und wie sie es tun, solange sie dabei niemand an Leib und Leben schaden.

Mindestens so entscheidend wie die Tatsache, daß zweierlei Geschlechter die Erde bevölkern, ist es, daß die Spezies (Gattung) Mensch ihre Vielfalt erst durch das Einzelindividuum erhält, das man beileibe nicht nur auf sein Geschlecht reduzieren kann. Wichtig ist die Variable, d.h. die Abstufung der Eigenart des Einzelnen, unabhängig davon ob Mann oder Frau. Diese persönliche Eigenart bestimmt das Leben ihres Eigners mindestens so stark wie seine Geschlechtszugehörigkeit. Das eine sollte nicht zum Anlaß genommen werden, das andere einzuschränken. Doch das praktizieren Männer an Frauen immer noch und immer wieder. Es gibt genügend Frauen, die sich „nicht trauen" zu tun, was ihnen Spaß macht, weil „man" dies oder jenes als Frau „nicht tut."

Man hat, um aufs Grundthema zurückzukommen, z.B. keinen jüngeren Mann.

Die Paare, die sich zum Thema äußerten, und bereitwillig Rede und Antwort standen, ebenso wie einige Einzelpersonen, Frauen über 45 Jahre, die zum Thema Sexualität in den mittleren Jahren ihre Meinung sagten, waren samt und sonders, gemessen am Rollenbild, untypisch.

Bei den Paaren mit „verkehrtem" Altersunterschied, verblüffte die Tatsache, daß nicht nur in der äußeren Erscheinung, sondern auch im Temperament und verbalen Ausdruck sich mit geringen Abweichungen immer wieder das Gleiche wiederholte. Die Frau, bedeutend jünger wirkend als ihr biologisches Alter, mit lebhaften Bewegungen, spontan im Ausdruck, ungezwungen im Auftreten, attraktiv, gepflegt, meistens schlank, viele mit erstaunlich glatter Haut für ihr Alter.

Die jüngeren Männer waren das, was man herkömmlich als „männlich" bezeichnet: Selbstbewußt, sicher, verbindlich, weniger lebhaft als ihre Frauen, eher etwas bedächtig, „gesetzt", durchaus älter wirkend als es ihrer Altersgruppe entspricht. Weder verkörperten die Frauen den Bilderbuchtyp der Mutter, betulich und „wogend", noch stellten sich die Männer als ungelenkte Knaben dar, die sich an Mutters Schürzenzipfel festhalten müssen. Nur in einem einzigen Fall wirkte die Partnerin so alt wie sie war, neunundvierzig Jahre und ihr überaus energisch wirkender Ehemann so alt wie er war, nämlich siebenundzwanzig Jahre. Bei allen anderen Paaren war die Verschiebung des Alterseindrucks - Lebensjahre + Verhalten - so groß, daß sich beide sozusagen in der Mitte begegneten. Sie konnten als gleichaltrig +/–3, angesehen werden. Nirgends war außer der oben erwähnten Ausnahme der tatsächliche Altersunterschied voll erkennbar. Diese Gruppe der Männer und Frauen mit „verkehrtem" Altersunterschied, die meisten von ihnen verheiratet, einige verlobt, andere befreundet, waren, obwohl untypisch für die Allgemeinheit, als Minderheit in sich typisch, insofern, als die angeführten Merkmale sich ständig wiederholten. Die jugendlich wirkende Frau, die das Älterwerden offensichtlich nicht fürchtet und der entscheidungsfreudige, gesetzte junge Mann, der weder vom Wesen noch vom Äußeren her den Eindruck eines Menschen macht, der nicht weiß was er tut, der, in Relation zum Aussehen seiner Gefährtin, vermutlich im gleichen Rhythmus älter wirken wird als sie.

Die Beteuerungen der Partner, nicht nur seelisch-geistig, sondern auch erotisch vollkommen übereinzustimmen, war umso leichter zu glauben, als der Eindruck bei sämtlichen Paaren nicht das Gefühl aufkommen ließ, als flüchtete sich hier ein sehr junger Mann vor der bösen Welt zu einer Runzel-Mutter um den Preis, auf seinen gesunden Trieb zu verzichten.

Die Schwierigkeiten, die diese Paare angesichts der herrschenden Meinung zu überwinden haben, sind immer noch enorm. Die Treibjagd, die bürgerliche Verachtung und menschliches Unverständnis, zum Teil jetzt noch, nach Jahren der Zugehörigkeit zueinander, auf sie veranstaltet, läßt eine ganz andere Schlußfolgerung zu als die des mißverstandenen Mutter-Komplexes, (der möglichst alles erklären soll und nicht erklären kann): Gerade die jungen Männer, die die Verachtung der Umwelt besonders stark trifft, müssen ein unglaublich stabiles Selbstbewußtsein haben, um dem bürgerlichen Aufruhr standzuhalten, nicht aufzugeben und sich schließlich durchzusetzen, indem sie ihre Beziehung aufrechterhalten. Wo paßt da das pastellfarbene Bild vom Muttersöhnchen hinein?

Daß diese untypisch denkenden und agierenden Männer und Frauen sich zueinander hingezogen fühlen, kann nicht verwundern. Warum kann man nicht wenigstens gelten lassen, daß sie, die ältere Frau, sowie der junge Mann aus dem Muster herausfallen, was vielleicht für den überwiegenden Teil der Bevölkerung seine Gültigkeit haben mag? Obwohl daran noch einige Zweifel zu hegen sind. Auch auf „mütterlichen" Typ gedrillte Frauen könnten sehr wohl attraktiver und vor allem sehr sicher auftreten, wie das bereits einer der interviewten jungen Männer andeutete, wenn man ihnen die Möglichkeit gäbe, sich vom Standarddenken und Standardverhalten freizumachen. Dann würden wahrscheinlich noch mehr junge Männer verwundert feststellen, daß sie ältere Frauen durchaus begehrenswer finden können.

Auch das Märchen, das im Zusammenhang mit dem Problem „Ältere Frau – jüngerer Mann" nicht auszurotten ist, daß nämlich die Frau in mittleren Jahren keine sexuelle Neigung mehr habe und daher keine sexuelle Anziehung mehr ausüben könne, ist durch die Vielzahl jener Frauen widerlegt, die – warum wohl? – immer wieder sexuell befriedigende Beziehungen haben. Sind sie allerdings in der Monotonie einer Ehe eingeschlossen, in der sich Partner auseinanderlebten, und haben sie, im Gegensatz zu ihrem gleichfalls gelangweilten Ehemann, nicht so leicht die Gelegenheit und vor allem nicht das moralische Recht auf Trost-Beziehung – dann hört natürlich das Interesse an sexueller Begegnung auf. Auch da, wo durch Einfallslosigkeit des Partners und nicht durch Anlage der Frau, Lust nie geweckt wurde, kann sich natürlich späterhin auch keine Lust mehr einstellen. Die zum Thema „Sexualität nach fünfundvierzig" interviewten Frauen, machten, ähnlich wie die Frauen mit der Bindung an junge Männer, den Eindruck absoluter Unbekümmertheit und gesunden Selbstbewußtseins. Aber nicht nur die Frauen, die sich direkt zum Thema meldeten, sind zu einem neuen weiblichen Selbstverständnis gekommen. Es gibt einen, jedem zugänglichen und leicht ablesbaren Maßstab für partnerschaftliche Wünsche und Gewohnheiten, nach Frauen, Männern und Altersgruppen: Die Bekanntschaftsanzeigen der Tageszeitungen, wie sie schon einmal erwähnt wurden. In den letzen zwei Jahren macht sich eine deutliche Zunahme der Frauen über fünfzig Jahren in den Spalten „Bekanntschaften weiblich" bemerkbar. Es müssen also in letzter Zeit mehr Frauen jenseits der Menopause zu einer Überzeugung gekommen sein, die bisher nie oder nur selten Geltung hatte: Weibliche Sexualität hört mit den Jahren nicht auf, und weibliche Anziehungskraft offenbar auch nicht. Eine der unternehmungslustigen Fünfzigerinnen, die ihr Alter in der Anzeige wahrheitsgemäß mit achtundfünfzig Jahren angab, bekam zweiundzwanzig Zuschriften. Dabei konnte keiner der Interessenten wissen, daß die Inserentin in der Tat eine sehr ansprechende, zierliche und lebhafte kleine Person ist. Der Wechsel von überkommener, starrer Auffassung zum flexibleren „es kann so oder so sein" bahnt sich wohl nicht nur auf der Seite der Frauen an, die allmählich Mut beweisen, sich zu sich selbst zu bekennen, sondern auch bei den Männern.

Der Anteil der Frauen, die nicht glauben, daß es schon „zu spät" sei, beträgt in der Relation zur Anzeigenzahl der jeweiligen Wochenendausgabe 20 % und darüber.

Auch die verheirateten Frauen, einerlei ob in harmonischer oder nicht harmonischer Ehe lebend, gehen mehr und mehr wieder unter Menschen, wenn die Kinder einmal aus dem Haus sind. Der Anteil der Frauen, die ihren Beruf wieder aufnehmen, wird zunehmend höher. Der Zeitpunkt liegt bei ungefähr fünfundvierzig Jahren, genau die richtige Zeit, um sich über die Möglichkeit klar zu werden, die die Lebensspanne der mittleren Jahre noch bietet: sie ist länger als die Jugendzeit. Diese Zeit sinnvoll auszufüllen, oder, im Falle des Alleinseins nach Scheidung oder Tod des Ehepartners, mit einer neuen Beziehung zu bereichern, ist mittlerweile auch das Ziel der Frauen geworden, die sich vor nicht allzu langer Zeit als abgeschrieben betrachten mußten und sich auch danach verhielten. Der Lebensrhythmus hat sich mit zunehmender Lebenserwartung für alle verändert. Mit dieser Tatsache können sich vielleicht endlich neue positivere Vorstellungen davon durchsetzen, was der einzelne tun darf, d. h. auf das Thema dieses Buches bezogen, jeder soll den Partner haben dürfen, mit dem er sich glücklich fühlt.

Es mag verwundern, daß von den im letzten statistisch erfaßten Jahr 1977 in der Bundesrepublik geschlossene Ehen – insgesamt 358.487 – zwar wie zu erwarten die meisten von dem älteren Mann und der jüngeren Frau geschlossen wurden, nämlich 277.610. Nimmt man nun aber, wie man glaubt folgerichtig an, die nächste Gruppe „vernünftiger Ehen" sei die der gleichaltrigen Partner, so muß man bei Einsicht in die Statistik verblüfft feststellen, daß dies ein Irrtum ist. Die Zahl der Ehen, in der die Partner gleichaltrig sind, liegt nicht höher als 31.433. Vor ihnen rangiert die Zahl jener Eheschließungen, in denen die ältere Frau und der jüngere Mann sich zusammentaten: 49.444.

Die Statistik der geschiedenen Ehen weist Gegenteiliges aus: Die höchsten Scheidungsziffern liegen bei Ehen zwischen gleichaltrigen Partnern und denen, bei denen der Altersunterschied +/– 3 Jahre beträgt. Das gilt sowohl für die älteren Ehefrauen als auch für die älteren Ehemänner. Dann ist mit zunehmendem Alter des einen Ehegatten, einerlei ob der Mann oder die Frau älter ist, die Ehescheidungsziffer geringer. Zehn Jahre Abstand scheint in beiden Fällen der ideale Altersunterschied zu sein. Hier liegen die geringsten Scheidungsziffern. Sehe jeder, wo er bleibe . . .

Das Eine ist bereits eine Selbstverständlichkeit, das Andere sollte allmählich zur Selbstverständlichkeit werden. Mit welchen Schwierigkeiten Paare mit dem sogenannten „verkehrten" Altersunterschied noch zu kämpfen haben, zeigen die folgenden Fallbeispiele. Dies ist ein Stück Lebensgeschichte von Menschen, die sich freiwillig äußerten, nacherzählt, um Ähnlichkeiten zu verwischen und die Interview-Partner nicht bloßzustellen, aber in ihrem Kerngehalt nirgends verändert, beneidenswerte Geschichten vom Mut zur Liebe, wie sie nicht jeder aufbringt, und deren glücklichen Ausgang die wenigsten erleben. In den meisten Fällen ist die Gesellschaft stärker, wirken ihre Normen tödlich auf die Liebe, die nicht stark genug war, um sich zu entfalten.

1. Fallbeispiel

Frau Ingrid F. fixierte einen Punkt an der Decke des Speisesaales und unterdrückte ein Gähnen. Es war gewiß gut gemeint von Ernst, daß er sie zum Abendessen ausgeführt hatte – aber daß er ihr wortlos gegenüber saß, vor sich hinstarrte und offensichtlich mal wieder ans Geschäft dachte, war mehr als man in der Öffentlichkeit ertragen konnte. Schließlich kannte jeder in der Stadt die F's. Alle Honoratioren waren in dem Restaurant Stammgäste.

Ernst F. sah durch seine Frau hindurch als sei sie aus Glas: Einen Tisch hinter ihr hatte er einen entfernten Bekannten entdeckt, mit dem er schon des öfteren geschäftlich zu tun gehabt hatte, einen sehr tüchtigen Spezialisten für Betriebsrationalisierung.

„Liebling", sagte er ungewohnt höflich, ohne den Blick von Werner K. zu wenden, „hast du etwas dagegen, wenn ich einen Geschäftsfreund zu uns an den Tisch bitte? Der kommt mir gerade richtig, ich habe einiges mit ihm zu bereden."

Seine Frau zuckte gottergeben die Achseln: „Aber nein, natürlich nicht", und dachte für sich, daß es besser sei, einen Wildfremden am Tisch zu haben als weiter dieses große Schweigen zu ertragen.

Kurz darauf stand Werner K. am Tisch des Ehepaares F. „Liebe Ingrid, darf ich dir Herrn K. vorstellen. Er hat schon eine Menge in unserem Betrieb rationalisiert und wird auch in einer neuen Entwicklungsphase ein gewichtiges Wort mitzureden haben."

Frau Ingrid betrachtete den höflich sich verneigenden jungen Mann und dachte erstaunt: Welch angenehme Überraschung, dafür, daß er ein Bekannter von Ernst ist.

Auch Werner K. war verblüfft: Wie kommt der F., das alte Ekel, an diese bezaubernde Frau? dachte er seinerseits.

Heute gesteht er freimütig, daß er auf der Stelle von ihr hingerissen war. „Bei mir hat's sofort gefunkt!"

Die Begeisterung des jungen Mannes für sie entging Ingrid F. nicht. Sie tat ihr wohl, umsomehr als sie von ihrem Mann mit Aufmerksamkeit nicht verwöhnt wurde. Sehr zum Leidwesen von Herrn F. drehte sich das Gespräch bald nicht mehr ums Geschäft, sonder um völlig andere Dinge, die ihn persönlich absolut nicht interessierten. Ingrid F. und Werner K. verstanden einander auf Anhieb.

Von nun an war auch Werner K., genau wie Herrn F., am Aufbau einer guten geschäftlichen Beziehung zu der Firma F. & Co. sehr gelegen. Allerdings war seine Motivation eine ganz und gar andere als die des Firmeninhabers. Werner K. verstand es in der Folge, seine Beratertätigkeit sehr geschickt mit privaten Einladungen an das Ehepaar F. zu verbinden, welche natürlich von diesem erwidert werden mußten. So entstand bald ein reger gesellschaftlicher Kontakt.

Zur gleichen Zeit befand sich die Ehefrau des jungen Mannes, Frau Marianne K., im Sanatorium. Sie war kurz nach der Eheschließung, die etwa ein halbes Jahr zurücklag, schwer erkrankt. Nach der stationären Behandlung war eine Nachkur dringend erforderlich geworden. Bis dahin hatte Werner K. geglaubt, ein glücklich verheirateter Mann zu sein – aber in dem Augenblick, in dem er Ingrid F. kennenlernte, vollzog sich ein so heftiger Wandel in ihm, daß er darüber selbst erschrak. Er machte aus seiner Zuneigung für Frau Ingrid nicht nur keinen Hehl, er warb geradezu um Erwiderung. Die Erinnerung an seine junge Ehe schien vollständig aus seinem Gedächtnis gelöscht zu sein. Und da er von jeher ein Mann der schnellen Entscheidung gewesen war, beschloß er, so bald und so schmerzlos wie möglich beide Hindernisse, ihre und seine Ehe, zu überwinden. Diese Frau wollte er um jeden Preis haben.

Ingrid F. merkte die todernste Absicht ihres jungen Verehrers vorerst nicht. Sie genoß allein den unschuldigen Flirt. Er tat ihrem seit langem geknickten Selbstbewußtsein gut. Die Monotonie der hinter ihr liegenden Ehejahre hatte sie allmählich resignieren lassen. Die Bewunderung des Jüngeren, seine Lebhaftigkeit, seine vielseitigen Interessen, die anregenden Gespräche mit ihm, dies alles wirkte belebend auf sie, ohne daß sie je einen Gedanken an irgendwelche engeren Bindungen verschwendet hätte. Daß mit der Zeit ihre Sympathie für Werner K. jenen Grad erreicht hatte, den man allgemein als „Verliebtheit" bezeichnete, hätte sie sich nie und nimmer eingestanden. Diese Begegnung war für sie vorläufig nicht mehr als ein Lichtblick, der ohnehin vermutlich bald wieder erloschen sein würde.

Umso bestürzter war sie, als Werner ihr eines Tages auf einer Wagenfahrt, die sie mit ihm vom Werk zur F'schen Villa machte, alles sagte, was er auf dem Herzen hatte – und zwar rückhaltlos. Ungläubig, aber dennoch beglückt hörte Ingrid zu und ließ sich schließlich, überwältigt von seinen Eröffnungen, zu einem heimlichen Rendezvous überreden.

Es blieb nicht bei diesem einen – es kam wie es kommen mußte. Und Ingrid F., die in all den müden Ehejahren nie an Ausbruch gedacht hatte, lernt jetzt kennen, was sie bisher nur vom Hörensagen kannte: Leidenschaftliche und zärtliche Liebe. Was daraus werden würde, war ihr vorerst egal. Sie verdrängte jeden Gedanken daran. Seine Beteuerungen, daß noch alles gut würde, nahm sie zwar ernst – aber im Augenblick wollte sie ihren Traum zuende träumen. Daß dies ein Traum bleiben müßte, war ihr klar.

Eines Tages erhielt sie von anderer Seite – unbeabsichtigt – eine Information, die den Traum sofort in sich zusammenfallen ließ. Nie hatten die beiden bisher über ihr Alter gesprochen, weder über ihres, noch über seines – nichts war ihnen unwichtiger. Sie, eine sehr gut aussehende, gut gewachsene Frau, wirkte ohnehin bedeutend jünger als sie war. Darüber, daß er, wenn auch unwesentlich jünger sein könnte als sie, hatte sie einmal eine flüchtige Betrachtung angestellt. Aber was bedeuteten schon die zwei oder drei Jahre, wenn man glücklich war. Es wußte ja sowieso keiner. Werner mußte mindestens siebenunddreißig Jahre alt sein. Nachdem sie nun von der Sekretärin ihres Mannes erfuhr, daß die Firma Herrn K. zum fünfundzwanzigsten Geburtstag eine besondere Aufmerksamkeit zugedacht habe, hatte Frau F. alle Mühe, ihr Entsetzen zu verbergen. Als ihr Mann am Abend des gleichen Tages auf diesen fatalen Geburtstag zu sprechen kam, war sie bereits gefaßt und zuckte mit keiner Wimper. Aber ihr Entschluß stand fest: D a s durfte so nicht weitergehen! Ein fünfzehn Jahre jüngerer Mann als Liebhaber war einfach unmöglich. Ihre Internatserziehung wirkte in mustergültiger Weise. Sie tat die ganze Nacht kein Auge zu und formulierte in Gedanken den Brief, den sie am nächsten Morgen schreiben wollte.

Was sie dann auch tat. Am darauffolgenden Tage hatte Werner K. die Abschiedsbotschaft im Briefkasten, las, schmunzelte ungerührt und griff zum Telefonhörer:

„Warum machst du ein Drama aus Tatsachen?" fragte er fröhlich.

Ihr verschlug es den Atem: „Tatsache ist einzig und allein, daß wir uns trennen müssen", erwiderte sie, „ich bin fünfzehn Jahre älter als du. Das hast du wohl nicht begriffen. Und außerdem– wir sind beide verheiratet. Eines Tages müssen wir uns ja doch trennen."

„Ich sehe das nicht so", erwiderte er ruhig, „Ehen können geschieden werden, auch deine und meine. Und was den Altersunterschied angeht du lieber Himmel! Ich wußte doch von Anfang an wie alt du bist. Glaubst du, das hätte mich auch nur einen Augenblick gestört? Da ich mir aber schon gedacht habe, daß du eines Tages so reagieren würdest, nämlich kopflos– habe ich vorsichtshalber seit langer Zeit einen siebzehnseitigen Brief zum Thema geschrieben. Der liegt wohlverschlossen hier in meinem Schreibtisch."

„Werner, du phantasierst, bloß um mich umzustimmen. Das ist doch barer Unsinn!"

„Umstimmen will ich dich allerdings. Aber weder phantasiere ich, noch rede ich Unsinn. Es ist die Wahrheit. Überzeuge dich, setz dich in den Wagen und komm her."

Wenige Minuten später war sie da. Beim Anblick seines ruhigen Lächelns und in dem Gefühl der Sicherheit in seinen Armen vergaß sie ihre Ängste. Als sie dann noch das verschlossene Briefkuvert vom Schreibtisch genommen, es aufgerissen und gelesen hatte, waren alle Bedenken fortgewischt.

Die Ehe von Ingrid und Ernst F. wurde auf Betreiben der Ehefrau bald darauf geschieden. Ingrid zog in die benachbarte Großstadt, um ihren Beruf als Apothekerin wieder aufzunehmen. Wirklich ernste Schwierigkeiten begannen jedoch mit der Rückkehr von Frau Marianne K. aus dem Sanatorium.

Daß ihr Mann abgekühlt zu sein schien, führte die junge Frau auf die Tatsache der langen Trennung durch ihre Krankheit zurück. Sie hoffte natürlich, daß sich die ehelichen Beziehungen mit der Zeit wieder festigen würden. Werner K., unfähig zu direkten Erklärungen, die der gerade eben wiederhergestellten jungen Frau nur schaden konnten, verlegte sich auf 'Schonungstricks', wie er das nannte. Er war ungewöhnlich oft geschäftlich unterwegs. Daß die meisten dieser Reisen kaum hundert Kilometer weiter endeten, wußte Frau Marianne nicht. Eines Tages bat Werner K. seine Frau um getrennte Schlafzimmer, weil er in letzter Zeit ein bedrohliches Nachlassen seiner Manneskraft verspüre. Genau das hatte sich seine Frau bereits gedacht und so entsprach sie seinem Wunsch. Für den Augenblick ihrer Rekonvaleszenz war es ihr sogar recht. Sie fühlte sich selbst für die Erfüllung ehelicher Pflichten noch nicht im richtigen Kräftezustand. Doch mit den Wochen und Monaten die dieser Neuregelung folgten, beschlich Marianne K. doch die Ungeduld, und sie sann auf Abhilfe. So kam es, wie Werner K. es gehofft hatte – die Ehe verlief von selbst im Sande. Marianne K. blieb dabei ohne Demütigung zurück. Sie hatte, im Gegenteil, das Gefühl, daß sie aus dieser sinnlos gewordenen Ehe strebe. Sie war mittlerweile wieder die gesunde junge Frau, die Kinder wollte – das mußte Werner einsehen. Nichts tat dieser lieber. Er sah alles ein, was seine Frau an Argumenten vorbrachte, und man trennte sich in Freundschaft. Für alle Beteiligten waren die letzten Monate eine Nervenanspannung sondersgleichen gewesen. Da Ingrid und Werner mit Rücksicht auf die junge Frau sich absolut nicht frei bewegen konnten, wie sie es gerne getan hätten, gaben sie sich regelmäßig als Stiefgeschwister aus, was umso glaubhafter schien, als beide, blond, blauäugig und insgesamt sehr typähnlich sind. Als Ingrid F. endlich Frau K. wurde, tauchte in ihrem Kollegenkreis das einigermaßen verwirrende Gerücht auf: Frau F. hat ihren Stiefbruder geheiratet! Das Verwundern darüber war jedenfalls geringer, als wenn es geheißen hätte: Frau F. hat einen fünfzehn Jahre jüngeren Mann geheiratet. Man sieht es den beiden nicht an. Auch heute weiß es kaum jemand. Wenn bei irgendeiner Gelegenheit die Papiere bei einer Behörde vorzulegen sind, vermerkt das Ehepaar schmunzelnd jedesmal das Gleiche: Ein kurzes Zusammenzucken des Beamten, ein schneller Daten-

vergleich ein verstohlener, prüfender Blick auf die Dokumenteninhaber. Das ist aber auch alles.
Befragt, ob er in seiner Jugend eine starke Mutterbindung gehabt habe, lächelt Werner K. Er durchschaut die Frage.
„Ich habe ursprünglich zwar sehr an meiner Familie, aber nicht an meiner Mutter insbesondere, gehangen. Mit der Zeit merkte ich jedoch, wie sie trotz ihres Ansehens und ihres Reichtums – oder vielleicht gerade deswegen – engstirnig sind. Mehr als ich ertragen konnte auf die Dauer. Ich habe unter Verzicht auf mein Erstgeburtsrecht, d.h. auf die väterliche Firma, die Verbindung zu meiner Familie aufgegeben – nicht ganz, aber der Kontakt ist sehr, sehr lose, und überaus kühl geworden. Ich wohnte allein und verfügte über mein eigenes Geld. Bevor ich mein Studium als Betriebswirt beendete, bin ich eine Zeitlang Rennfahrer für Bergrennen und Formel V Rennen gewesen. Es war die reine Lust an der Raserei. Welche Faszination dieser Sport aber auf Frauen ausübt, habe ich damals erst mit Verwunderung festgestellt und – davon profitiert. Ich war kein Kind von Traurigkeit und hatte sehr viele Liebschaften. Aber die waren immer nur sehr kurz. Als ich dann heiratete, glaubte ich – das wäre das richtige. Doch als ich dann Ingrid kennenlernte, war alles anders. Jetzt erst erfuhr ich, wie stark Gefühle sein können, was sie bewirken und wie unter schwierigen Umständen eine Bindung nur noch fester wird."

Und Ingrid K.? Sie findet, daß sie erst spät wirklich zu leben begonnen hat. Sie, die attraktive Frau, gesteht, daß sie, gedemütigt durch die Nichtbeachtung ihres ersten Mannes, unter ungeheuren Minderwertigkeitskomplexen gelitten habe. Werner K. mußte sie erst belehren, wie hübsch sie doch sei. Und erst durch ihn hat sie Zärtlichkeit, Behutsamkeit und jene Spannung kennengelernt, die die Liebe am Leben erhalten. Bei Werner und Ingrid K. hält diese Spannung alles in Gang – die Zärtlichkeit, den erotischen Reiz, die geistigen Gemeinsamkeiten.

Sie leben seit elf Jahren zusammen. Er, mittlerweile tatsächlich siebenunddreißig Jahre alt, ist ein sehr gesetzter, sehr entschlossen aussehender Mann. Sie, mit zweiundfünfzig Jahres eine alterlos wirkende, bildhübsche Frau mit Gemmenprofil und sehr zarter Haut, strahlt Sicherheit und Zufriedenheit aus.

„Ist das nicht phantastisch?" fragt er mit einem liebevollen Seitenblick und fügt erklärend hinzu: „Wissen Sie, es ist, als stünden wir dauernd unter Strom!"

2. Fallbeispiel

Die alte Dame - sie war sofort aufs liebenswürdigste bereit zu einem Interview - lädt zum Tee ein. Die alte Dame ist weder weißhaarig, noch ist sie zerbrechlich, ein Bild, das sich sofort in jedermanns Vorstellung einschleicht, wenn er hört - dreiundachtzig Jahre. Die alte Dame ist groß und schlank, von eher robustem Wuchs, mit einer ungewöhnlich glatten Haut. Sie hat keine altmodisch wirkende Wohnung voll altväterlicher Behaglichkeit - Erinnerungskrimskrams und Familienbildern auf antiken Schreibmöbeln - sie ist in ungewohnter Manier modern, vielseitig interessiert und aktiv. Sie hat einen großen Freundeskreis, reist gern und spielt regelmäßig Tennis. Bei soviel erstaunlicher Vitalität verwundert es nicht, daß ihr Stiefvater, nur dreizehn Jahres älter als sie, eine acht Jahre ältere Frau, nämlich die Mutter der alten Dame heiratete, deren Lebenskraft auch überwältigend gewesen sein muß. Das war im Jahr 1911, und die Tochter war gerade sechzehn Jahre alt geworden, die Mutter, nicht mehr ganz jung, sechsunddreißig Jahre alt.

„Wir fuhren damals regelmäßig nach Kampen auf Sylt, das damals zwar schon als „mondän" galt, aber bei weitem nicht von dem Touristenrummel heimgesucht war wie heute. Vor dem ersten Weltkrieg konnte es sich auch nicht jeder leisten, seine Sommerfrische auf Sylt zu verbringen. Was heute der Urlaub ist, war damals die Sommerfrische."

Die weitläufige Zehn-Zimmer-Wohnung am Kurfürstendamm in Berlin wurde während der Abwesenheit der „Herrschaft" von der Küchenhilfe und dem Stubenmädchen versorgt. Der Bursche des Herrn Generalarztes fuhr als persönliche Bedienung seiner Herrschaft mit. Man stieg in dem elegantesten Logis von Kampen, dem einzigen Hotel, ab. Alle anderen Unterkünfte waren Fremdenpensionen oder Privatquartiere.

„Damals war das Baden im Meer noch eine abenteuerliche Sache. Wir hatten Badekarren, die aussahen wie Holzhäuschen auf zwei Rädern mit Tür und Fensterchen. Sie wurden ins Seichte hinausgezogen. Darin zog man sich um und stieg auf einer kleinen heruntergelassenen Holzleiter in einem Badekostüm voller Rüschen und Falten, mit Pumphosen bis übers Knie und mit einer gewaltigen, ebenfalls gerüschten Badehaube, ins Wasser hinein. Dort ließ man sich kurz von den Wellen umspülen und begab sich bald wieder in den Badekarren zurück, zog sich wieder an. Danach wurde man wieder an den Strand zurückgezogen.

Sommerfrische war nicht nur für die Kinder, sondern auch für die Erwachsenen eine herrliche Sache. Selbstverständlich war man nicht so losgelöst, daß es nicht auch dort gesellschaftliche Verpflichtungen gegeben hätte. Man traf sich auf der Strandpromenade und beim Kurkonzert zum Plausch, oder auch damals schon zum „Tennis-Match" oder Krocket-Spielen. Bei einer solchen Gelegenheit begegnete meine Mutter zuerst einmal ihrem Schwager, dem älteren Bruder ihres zweiten Mannes. Harald G. war ein bekannter Kunsthistoriker, und meine geistig überaus rege Mutter war von dem Bekannten der mit uns befreundeten Offiziersfamilie von S. sehr angetan. Das muß wohl so eine Art Auftakt der Sympathie zur gesamten Familie ihres späteren Mannes gewesen zu sein", sinniert die alte Dame.

„Aber da müssen Sie erst den jüngeren Bruder kennenlernen – Jurist mit blendender Zukunft, der schon jetzt in der Politik eine sehr einflußreiche Stellung hat. Der ist nicht etwa nur einseitiger Politiker geworden, was man bei seiner anspruchsvollen Position annehmen könnte. Er ist ein wirklich vielseitiger Schöngeist. Also uns ist er fast noch lieber als Harold", schwärmte Frau von S. „Dürfen wir Sie und ihren Gatten morgen zum Tee einladen, meine Liebe? Dann sind die beiden Brüder da. Georg kann sich nicht früher aus dem Ministerium freimachen."

„Meine Eltern lebten in einer Ehe, die nicht gut und nicht schlecht war", fährt sie, sich rückerinnernd, fort, „mein Vater war hochgebildet und als Arzt im Offiziersrang gewiß ebenso hochbegabt. Meine Mutter, oh ich erinnere mich noch genau, war eine ungewöhnlich lebhafte Frau, völlig anders als die Damen unseres Bekanntenkreises. Sie äußerte sich mit einer Entschlossenheit, die für die damaligen Verhältnisse ungewöhnlich war. Sie tat auch, was sie unbedingt tun wollte mit der gleichen Entschlossenheit. Zum Beispiel interessierte sie sich – eine völlig ausgefallene Neigung für eine Dame der Gesellschaft, für Philosophie. Und sie erreichte durch ihren Charme und ihre Beredsamkeit, einem Philosophie-Professor der Universität Berlin ein Zugeständnis abzuringen: Sie durfte in seinen Vorlesungen Gasthörerin sein. Man stelle sich das vor! In der Zeit vor dem Ersten Weltkrieg war das Frauenstudium heiß umstritten. Es gab Professoren aller Fakultäten, die Frauen empört aus ihren Vorlesungen verwiesen. Es gab ohnehin wenig weibliche Studierende. Die meisten Frauen, die den aberwitzigen Wunsch hatten, wie ein Mann studieren zu wollen, gingen in die Schweiz, wo das Frauenstudium sehr viel großzügiger gehandhabt wurde. Aber meine schöne Mama saß regelmäßig in den Vorlesungen des Professors S. Und mein Vater war großzügig genug, das zu dulden. Der große Haushalt lief wie am Schnürchen. Meine Mutter war eine gute Hausfrau,in dem Rahmen, in dem man damals eben Hausfrau war. Sie besprach den Küchenzettel mit der Köchin, sie organisierte den Ablauf der notwendigen Hausarbeit, die große Wäsche eingeschlossen, überwachte die Ausgaben. Für die groben Arbeiten und zur persönlichen Bedienung meines Vaters war der Bursche da. Es konnte eigentlich gar nichts schiefgehen. Nur einmal erinnere ich mich, daß das Mittagessen angebrannt schmeckte und mein Vater verärgert sagte: „Wenn du dich weniger mit Philosophie und mehr mit dem Haushalt beschäftigen würdest, käme so etwas nicht vor ...” Ich erinnere mich genau, daß ich, damals zehn Jahre alt, diese Äußerung meines Vaters als sehr ungerecht empfand. Aber eigentlich lang anhaltende Mißstimmungen meiner Eltern sind mir nicht in Erinnerung. Ich war die einzige Tochter und daher mehr unter den Erwachsenen als sonst üblich. Da bekommt man ein geschärfteres Beobachtungsvermögen, als wenn man unter Geschwistern aufwächst, sich für gemeinsame Spiele interessiert oder die unter Geschwistern üblichen Kämpfe ausficht.

Die Sommerfrische an der See, um wieder darauf zurückzukommen, liebte ich sehr. Dabei habe ich mich immer recht schnell mit Kindern meines Alters angefreundet. Als die Begegnung zwischen meiner Mutter und meinem späteren Stiefvater stattfand, die unser aller Leben in völlig unerwartete Bahnen lenkte, war ich bereits das, was man damals einen „Backfisch” nannte. Heute sagt man „Teenager”, ein junges Mädchen zwischen fünfzehn und sechzehn Jahren. Meine Eltern, um darauf zurückzukommen, namen Frau von S.' Tee-Einladungen an, ahnungslos beide. Mit welch ungewöhnlichem Ereignis hätte man auch rechnen sollen? Die Sommerfrische neigte sich ihrem Ende zu. In wenigen Tagen würden wir nach Berlin zurückfahren müssen. Der Dienst meines Vaters begann ebenso wie die höhere Töchterschule, die ich besuchte.

George G. war, als er meiner Mutter vorgestellt wurde, achtundzwanzig Jahre alt, ein hoffnungsvoller junger Politiker mit einer bisher glänzenden Karriere, ein kluger Kopf, aus bester Familie stammend. Seine Vorfahren waren in langer Reihe gleichfalls in maßgebenden politischen Ämtern gewesen. Er sah gut aus, ein „Mann von Welt”, und hatte außer einer einzigen unglücklich verlaufenen Liebesgeschichte (übrigens auch mit einer älteren Frau) keine Zeit für amouröse Affairen. Man hätte an vorgesetzter Stelle allerdings gern gesehen, wenn er sich zur Heirat entschlossen hätte. Die unverheirateten jungen Ministerialbeamten galten, wenn auch nicht gerade als leichtlebig, so doch als Unruhestifter wider Willen. Mütter heiratsfähiger Töchter warfen natürlich ein wachsames Auge auf solch eine „gute Partie”. Sie wurden häufig eingeladen und waren, ob sie wollten oder nicht, bei Bällen und Abendgesellschaften oftmals umschwärmter Mittelpunkt. Waren sie dann erst verheiratet, hörte naturgemäß die Jagd schlagartig auf. Gesetztheit kehrte ein, wo zuvor Trubel herrschte. Das Familienleben trat an die Stelle der Junggesellenunruhe und „man war wer”. Verheiratet zu sein war der Karriere in jedem Fall zuträglicher. G. war nicht verheiratet. Ob er der zerbrochenen Liebe nachtrauerte oder ihm die Richtige noch nicht wieder begegnet war, oder ob er nur einfach ehescheu war – kein Mensch wußte es. Er jedoch wußte sofort, als er sich zum artigen Handkuß über die Hand meiner Mutter beugte – 'Das wäre die Frau gewesen, die ich mir gewünscht hätte ...'

Damals dachte er noch in der Möglichkeitsform: wäre gewesen ... Denn selbstverständlich kann kein wohlerzogener Mann, wenn er einem offensichtlich gut verheirateten Ehepaar gegenübertritt, auf den ersten Blick schon gleich die aggressive Absicht entwickeln, eine Ehe zu sprengen um dem anderen Mann die Frau wegzunehmen. Das tat auch mein Stiefvater nicht. Aber er konnte, wie er mir später erzählte, den Blick nicht von ihr wenden und war tief beeindruckt über die ungewöhnliche Bildung meiner Mutter, die sich ihm im angeregten Gespräch offenbarte.

Auch meine Mutter war von diesem gutaussehenden, wohlerzogenen jungen Mann sehr beeindruckt .. allerdings, wie sie gestand, ohne etwa Vergleiche mit ihrem Mann anzustellen, der dreizehn Jahre älter war als sie. Sie wußte zwar nicht genau sein Alter, aber daß George jünger war, stand fest. Außerdem war meine Mutter trotz ihrer persönlichen und geistigen Freizügigkeit viel zu sittenstreng erzogen, um auch nur einen Gedanken daran zu verschwenden, daß dieser junge Ministerialbeamte aus Berlin vielleicht ein guter Liebhaber sein könnte. Ganz bestimmt nicht. Sie war lediglich angetan von dem jüngeren Bruder Harolds, der ihr, wie Frau von S. schon prophezeit hatte, doch sehr viel besser gefiel. Vielleicht hat nur die viel ältere und lebenserfahrenere Gastgeberin an diesem Abend schon gespürt, daß die offenbar heftige Sympathie zwischen diesen beiden Menschen einen Funken entzündete. Aber sie sagte nichts. Auch später nicht. Sie hat sich nie geäußert, sondern nur, als die Schwierigkeiten für meine Mutter begannen, sehr loyal zu ihr gehalten. Vielleicht fühlte sie sich verantwortlich für das, was ihre Tee-Einladung an einem schönen August-Nachmittag in Kampen alles in Bewegung gesetzt hatte. Mein Vater merkte nichts. Er unterhielt sich mit einem Kollegen über Fragen der Hygiene mindestens ebenso intensiv, wie seine Frau über moderne Philosophie. So blieben diese Nachmittagsstunden erst einmal allseitig in guter Erinnernung. George G. hatte nicht versäumt zu fragen, ob er meinen Eltern, sobald diese wieder in Berlin angekommen wären, seine Aufwartung machen dürfe, was ihm freundlich zugesichert wurde.

Im Herbst des gleichen Jahres war George G. häufiger Gast im Haus meiner Eltern. Ich mochte ihn auch. Aber ich war, wie mein Vater, blind und taub gegen das, was sich, sozusagen unter unseren Augen, entwickelte. Eine tiefe Zuneigung, für die es schließlich keine Barrieren mehr gab. Da war auch die seit siebzehn Jahren bestehende Ehe meiner Eltern nicht stark genug, nicht einmal meine Existenz.

Als es schließlich zur Aussprache zwischen den drei Menschen gekommen

war, muß es meinen Vater wie einen Schlag getroffen haben. Er hatte meine Mutter sehr geliebt und darüberhinaus muß die Tatsache, daß ein Mann, der insgesamt einundzwanzig Jahre jünger war als er, ein „junger Fant" im Gegensatz zu ihm, als Rivale auftrat, ihn tief getroffen haben. Mein Vater litt und ich mit ihm. Dennoch konnte ich meine Mutter nicht verdammen. Ich war mit sechzehn auch schon so weit, daß ich der Mutterbindung entwachsen war. Ich bewunderte und liebte meine Mutter, aber sie war für mein Leben nicht mehr so notwendig, wie sie es in meiner Kinderzeit gewesen wäre.
Die Ehescheidung wurde sehr diskret in die Wege geleitet und sehr schnell abgewickelt. Ich blieb bei meinem Vater, und das nicht ungern, denn meine Mutter war in allen Dingen strenger gewesen als er. Nachdem die Aufregung in der Berliner Gesellschaft über die Scheidung des Generaloberarztes von P. sich gelegt hatte (sie war übrigens nicht so schlimm, wie man das hätte annehmen können) ging das gesellschaftliche Leben wie bisher weiter: Abendgesellschaften, literarische Zirkel, Hauskonzerte und Bälle im Winter. Der Freundeskreis meines Stiefvaters war eher wissenschaftlich-künsterlisch orientiert, genau das Richtige, was meine Mutter mit ihrem großen geistigen Hunger brauchte. Sie, die vorher schon eine schöne Frau gewesen war, blühte auf und strahlte vor Glück.

Ich begann bald mein eigenes Leben zu leben, verlobte mich und heiratete im Kriege, bevor mein Mann an die Front mußte. Aber der Kontakt zu meiner Mutter und zu meinem Stiefvater, wenngleich mit den Jahren seltener, blieb immer herzlich.

Die Nachkriegszeit mit ihrem politischen und wirtschaftlichen Niedergang ließ Deutschland nicht zur Ruhe kommen. Anfang der dreißiger Jahre, als die Arbeitslosigkeit entsetzlich war, wurde mein Stiefvater damit beauftragt, Hitler in den Reichstag einzuführen. Mit einem Hinweis auf seinen Beamteneid lehnte er ab – und hatte damit die Weichen für sein Schicksal und das seiner Frau gestellt. Hitler erfuhr selbstverständlich davon und als er kurz darauf zur Macht kam, erinnerte er sich genau seines Widersachers. Sein Kommentar war kurz und lebensgefährlich:
„Der Mann muß weg!"

In der Zwischenzeit hatte mein Stiefvater als Autor anerkannter politisch wissenschaftlicher Werke sich über Deutschland hinaus einen Namen gemacht. Während man in Hitlers Umgebung ausgiebig darüber nachdachte, wie „der Mann", wegzubringen sei, befanden sich meine Mutter und mein Stiefvater für zwei Wochen auf Sylt. Der Staatssicherheitsdienst war auch schon tätig geworden. Man hatte beiden die Pässe abgenommen. Das Wild wollte man sich nicht entgehen lassen, die Jagd war freigegeben. Während dieses kurzen Erholungsurlaubs bekam mein Stiefvater die Berufung als Dozent für politische Wissenschaften an eine amerikanische Universität. Wohl wissend, wie schlecht seine Zukunft im Hitler-Deutschland aussah, sagte er sofort zu. Die einzige Schwierigkeit bestand darin, die Pässe für die Ausreise nach den Vereinigten Staaten wiederzubekommen . Auch an den mittlerweile nationalsozialistischen Ministerien hatte George G. wohlgesinnte Freunde. Durch einen Trick gelang es, die Pässe wieder frei zu bekommen und ohne erst lange mit der Frage: „Was nehmen wir mit?" Zeit zu vertun, buchte mein Stiefvater für sich und seine Frau die erstmögliche Schiffspassage von Bremerhaven nach New York. Die Abreise der beiden erfolgte völlig ohne Aufsehen. Nur an der Gangway zum Überseedampfer, der sie aus der Gefahr weg in eine neue Freiheit bringen sollte, gab es noch eine lange Schreckminute. SS kontrollierte die Pässe der Passagiere vermutlich auf der Suche nach einem mißliebigen Auswanderer, der zurückgehalten und irgendwelcher Bestrafung zugeführt werden sollte. Mein Stiefvater in seiner gelassenen Art, stand es durch, meine Mutter hatte alle Mühe, auf seinen Arm gelehnt, ihre Todesangst zu verbergen. Aber die „schwarze Liste" der dem Regime unwillkommenen Personen war vermutlich so groß, daß sie weder überall auslag, noch auswendig gewußt werden konnte. Die SS-Schnüffler hatten jedenfalls keine Ahnung und ließen nach einem flüchtigen Blick auf die Pässe das Ehepaar ungehindert passieren.

Ich habe nach dem Zweiten Weltkrieg beide oft in den Vereinigten Staaten besucht. Mein Stiefvater hatte mühelos eine zweite Karriere als Wissenschaftler gemacht, nicht minder glänzend als sein politische Laufbahn im Kaiser-Deutschland.

Es klingt unwahrscheinlich – aber es ist dennoch so: In Amerika feierten die beiden das Fest der goldenen Hochzeit. Meine Mutter ist insgesamt über siebenundsechzig Jahre verheiratet gewesen, siebzehn Jahre in erster und über fünfzig Jahre in zweiter Ehe. Sie starb mit vierundneunzig Jahren, in den Tagen ihrer Krankheit noch aufs Liebevollste von ihrem sechsundachtzigjährigen Mann betreut. Er folgte ihr vor kurzem, fast auf den Tag acht Jahr später. Auch er wurde vierundneunzig Jahre alt."

Warum sollte also, was sich damals zum Glück fügte, nicht auch heute möglich sein – die Verbindung zwischen einem jüngeren Mann und einer älteren Frau?

3. Fallbeispiel

„Du wirst sicher einmal nicht heiraten", sagte Vater L. bekümmert zu seiner vierzehn Jahre alten Tochter, „deshalb ist es wichtig, daß du einen guten Beruf hast, der dich ernährt." Und dann wurde beschlossen, daß die schulentlassene Gisela eine Ausbildung als technische Zeichnerin haben sollte.

Die pessimistischen Vermutungen des Vaters waren nicht ganz grundlos. Gisela hatte einen angeborenen Fußgelenkfehler. Sie hatte nie springen und laufen können wie andere Kinder, sondern viele Monate und Jahre ihrer Kinderzeit liegend im Krankenhaus verbracht. Daß sie dennoch ein fröhliches Kind wurde, das weder verzweifelte noch resignierte, war wohl auf ihre positive Grundanlage zurückzuführen. Fußgelenk hin oder her, warum sollte sie nicht auch mit Gehbeschwerden so vieles im Leben schön finden? Es blieb noch eine ganze Menge, auch ohne Springen und Laufen. Gisela wuchs zu einem hübschen Mädchen heran. Die jungen Männer sahen sich nach ihr um - trotz Gehfehlers. Gisela erlernte brav den vom Vater bestimmten Beruf und wurde eine geschickte technische Zeichnerin, die bald eine Anstellung fand. Sie heiratete tatsächlich nicht - jedenfalls nicht, solange sie ein junges Mädchen war. Dann, mit sechsunddreißig Jahren wurde die hübsche vollschlanke Frau Gegenstand heftiger Verehrung eines sehr jungen Mannes, achtzehn Jahre jünger als sie. Es blieb aber nicht nur dabei. Es kam zu Zärtlichkeiten und mehr, und Gisela L. wurde schwanger. Sie freute sich auf das Baby, ob sie der junge Mann nun heiratete oder nicht, es war ihr egal. Sie bekam ihr Kind, ein dunkelhaariges, dunkeläugiges Mädchen und war sehr glücklich. Die Eltern mußten sich erst an den Gedanken eines unehelichen Enkelkindes gewöhnen - schließlich waren sie brave Bürgersleute, die an „sowas" nie gedacht hätten, zumal - die Tochter hatte doch einen Gehfehler!

Es gab noch eine Menge mehr als der pessimistische Vater vermutet hätte. Gott sei Dank, wie er und seine Frau gemeinsam aufatmend feststellten. Es gab sogar eine Möglichkeit, daß die Tochter d o c h noch heiratete, trotz Knöchelgelenk und unehelichem Kind. Gisela war durch ihre Mutterschaft und das Glück darüber zu einer von innen heraus leuchtenden Zufriedenheit gekommen, die sie noch hübscher machte, als sie ohnehin schon war.

Ein junger Italiener verliebte sich in sie. Dieser Verehrer war elf Jahre jünger, und er war so von ihr entzückt, daß ihm das, was bürgerlich verkniffenen Männern etwas ausgemacht hätte, überhaupt nichts ausmachte, weder Kind, noch Gelenk, noch gar der Altersunterschied von elf Jahren. Guido wollte Gisela ganz einfach haben, mit allen Konsequenzen – nämlich mit Standesamt und Traualtar. Schließlich war er ein guter Katholik. Die alten Eltern freuten sich, Gisela sah keinen Grund, „nein" zu sagen, denn Guido war ein hübscher Bursche und sicher auch ein liebevoller Vater für Marlene, ihre Tochter. Sie war mittlerweile zwei Jahre alt geworden. Also wurde geheiratet und Gisela war jetzt Signora Puccia und wurde italienische Staatsangehörige.

Nie hat ein Vater lieber eingestanden, Unrecht gehabt zu haben, als Marlenes Großvater. Das Paar lebte weiter in München, wo Guido eine ausgezeichnete Stelle im Baugewerbe hatte. Er fühlte sich hier bereits seit Jahren zu Hause und sprach ausgezeichnet deutsch.

Kurz nach der Hochzeit wollten sie sich einen Wagen anschaffen. Guido kam auf die ausgezeichnete Idee, seine Frau solle doch den Führerschein machen. Mit Rücksicht auf ihr Fußleiden wollte er einen Wagen mit Handgas kaufen. Gisela fand das großartig und meldete sich in einer Fahrschule an.

„Ich war so eifrig bei der Sache", erzählte sie lachend, „daß mir gar nicht auffiel, wie einer der „Mitschüler", ein sehr gutaussehender Türke mich von Anfang an mit Blicken verschlang. Erst nach der achten Stunde, als wir uns untereinander schon ein bißchen kennengelernt hatten, fiel er mir auf. Da wagte Hassan, der türkische „Mitschüler", einen Annäherungsversuch. Ob sie mit ihm in die nächste Eckkneipe ein Bierchen trinken gehen wolle, fragte er ein wenig zaghaft.

„Warum nicht", sagte ich. Und dann haben wir über eine Stunde gesessen und uns etwas erzählt. Ich haben ihn schon gern gemocht, aber an das, was er im Sinn hatte, hatte ich nicht gedacht. Ich war ja gut verheiratet und hatte über meinen Guido nicht zu klagen. Als Hassan mich für den nächsten Tag ins Kino einladen wollte, habe ich abgesagt, und ihm auch erklärt, warum – "

„Ja", fällt Hassan, der am Gespräch teilnimmt, ihr ins Wort, „ich war ganz traurig, als sie mir sagte, ich bin verheiratet. Aber was sollte ich machen? Ich habe sie aus der Entfernung weiter angeschaut. Sie ist eine schöne Frau und sie hat mir so gefallen. Ich habe Gisela nicht mehr gesehen."

„Doch", widersprach seine Frau, „wir haben uns nochmal gesehen, aber das war viel später, aber da war ich wieder verheiratet."

Wieder verheiratet?

„Ja", nickte sie, „aber das erzähle ich der Reihe nach. Meine Ehe mit Guido dauerte fünf Jahre. Da verunglückte er auf der Baustelle. Ich war vierundvierzig

Jahre alt als ich Witwe wurde. Das war schlimm. Auch für das Kind. Marlene war mittlerweile sieben Jahre alt und hatte sich sehr an den Stiefvater gewöhnt. Ich hatte Hassan ganz vergessen. Solange ich verheiratet war hatte ich zwar nicht arbeiten müssen, aber jetzt fing ich wieder an. Ich wurde technische Zeichnerin in einem städtischen Baubüro. Ich lebte sehr zurückgezogen ein Jahr lang. Dann bin ich mal abends mit Kollegen ausgegangen in einen Biergarten. Die Kastanien blühten, warm war es und ich fühlte mich seit langer Zeit wieder einmal richtig wohl. Wir waren ein großer Tisch voller Leute. Alles Münchner, bis auf einen jungen Mann, der schon da gesessen hatte, als wir kamen. Wir zogen ihn ins Gespräch und es stellte sich heraus, daß er Engländer war, Maschinenschlosser bei BMW. Er saß neben mir und wir haben uns gut unterhalten. Er hatte um meine Adresse gebeten und gefragt, ob er nochmal vorbeikommen und mich in den Biergarten einladen dürfte, wenn das Wetter danach wäre. Am nächsten Wochenende stand er vor der Tür, der Eddy."

Bei dem einen Mal blieb es nicht, Eduard aus Liverpool wurde bald Giselas ständiger Begleiter. Und da er es geschickt anstellte, sie nicht bedrängte und Rücksicht nahm auf ihre seelische Verfassung, wurde er bald zum „Kümmerer", der sich um eine trostbedürftige Frau sorgt und sich dafür ihr Wohlwollen errang.

„Er war ein netter Kerl", erinnert sich Gisela heute, ganz ohne Sentimentalität, „aber er war ein fanatischer Engländer. Er hätte sich nie hier eingewöhnen können."

Ist er dann bald nach England zurückgegangen?

„Wo denken Sie hin? Erst haben wir einmal geheiratet!"

„Was, schon wieder? Was hat denn da ihr Vater gesagt mit seiner finsteren Zukunfts-Prophezeihung?" Gisela stimmt fröhlich in das Gelächter ein. „Gar nichts mehr hat er gesagt. Eddy war halt auch ein netter Bursche und daß er sechs Jahre jünger war als ich hat meine Eltern nun auch nicht mehr gestört."

Kurzum, Gisela heiratete Eddy nach einem knappen Jahr und hieß jetzt Gisela Jones. Aber die englische Staatsangehörigkeit hat sie nicht mehr angenommen. Die Ehe ging zwei Jahre glänzend. Eddy war ein liebevoller Ehemann und Vater und nach wie vor von seiner fröhlichen und zärtlichen Gisela begeistert. Aber mit der Zeit wurde das Heimweh nach Liverpool immer schlimmer. Jedesmal, wenn er mit Gisela dort in Urlaub gewesen war, litt er die ersten Wochen in Deutschland „daß es nicht mit anzuschauen war." Da half auch nicht das gemütliche Heim, das seine Frau ihm zu bereiten wußte und nicht der Freundeskreis des Ehepaares. Eines Tages stellte er seine Frau vor die Wahl: „Du, ich kann nicht mehr hierbleiben. Ich werde in Deutschland nie warm. Ich fahr nach Hause. Komm mit mir nach Liverpool."

Gisela schüttelte sich bei dem Gedanken. Liverpool ist in ihrer Erinnerung als eine der häßlichsten Städte vermerkt, die sie je gesehen hat. „Nie wäre ich mit Eddy dahin. Dann wäre er mir genauso gegangen wie ihm, nur umgekehrt. Ich wäre dort bestimmt an Heimweh gestorben."

Eddy hat es sich eine Weile überlegt. „Glaub mir, an dir liegt es nicht. Ich habe dich so gern wie immer, aber auch wieder nicht so gern, daß ich auf meine Heimat verzichten könnte für den Rest meines Lebens. Bitte versteh mich."

Gisela verstand und die beiden trennten sich in Frieden. Ohne Scheidung vorerst. Man konnte ja nie wissen.

Kurz bevor sich Eddy endgültig entschied nach England zurückzukehren, war Gisela dem glutäugigen Hassan wieder begegnet, mitten auf dem Münchner Marienplatz. Es war in der Mittagspause gewesen und sie war gerade eben mal aus dem Büro gehuscht, um sich eine „Brotzeit" zu besorgen, da tippt ihr von hinten jemand auf die Schulter.

„Ganz empört dreh ich mich um, und wer steht da? Hassan. Er strahlt mich an mit seinen schwarzen Augen und seinen schönen Zähnen: Wie geht's? wollte er wissen, können wir denn nicht einmal wenigstens abends auf ein Glas Wein gehen?"

Gisela zögerte - mit Eddy war es gerade jetzt so problematisch, und wenn er sich nun doch entschloß hierzubleiben, dann wollte sie ihm keinen Anlaß geben, es sich anders zu überlegen. Eddy war schon von jeher eifersüchtig gewesen.

Bedauernd schüttelte sie den Kopf. „Nein", sagte sie entschlossen „es geht nicht."

Hassan schaute bekümmert drein: „Ach ja, immer noch verheiratet", meinte er verständnisvoll.

„Nein", verbesserte ihn Gisela, „wieder verheiratet!" Hassans Augen wurden riesengroß - er glaubte nicht recht gehört zu haben. „Wieder verheiratet?"

„Ja", Gisela nickte, „zwischendurch war ich verwitwet. Seit zwei Jahren bin ich mit einem Engländer verheiratet."

Wieder leuchteten Hassans dunkle Augen voller Verständnis: „Schöne Frau bleibt nicht allein – " meinte er, begleitete Gisela noch bis vor die Tür ihres Büros und verabschiedete sich resigniert, ohne um ein Wiedersehen zu bitten.

Den bin ich los, dachte Gisela ein bißchen traurig. Sie hatte sich richtig gefreut, ihren langjährigen Bewunderer wiederzusehen. Welche Frau freut sich nicht, wenn sie bemerkt, daß die Begeisterung eines Mannes für sie durch Jahre hindurch offenbar die gleiche geblieben ist.

Aber wieder kam so manches anders, als man es sich gedacht hatte. Eddy hatte sich tränenreich verabschiedet. Und Marlene, mittlerweile neun Jahre alt, hatte es schnell verkraftet, daß auch dieser Pappi eines Tages nicht mehr da war. Gisela war noch ein Weilchen traurig, aber immer wenn sie an Liverpools verrußte Dächer dachte, an die geschwärzten Backsteinhäuser und an die grauen trostlosen Straßen in dem Arbeiterviertel, in dem Eddys Eltern lebten, wich die Traurigkeit und machte einer gewissen Erleichterung Platz. Nicht einmal ein schlechtes Gewissen konnte sie deswegen haben. Sie empfand die Ehelosigkeit nicht wie zuvor als etwas Schlimmes. Sie fühlte sich nicht einsam, weil sie viele Freunde hatte, die ihr wohlgesonnen waren. Sie war, wohin sie auch gekommen war, immer beliebt gewesen, einfach weil sie Heiterkeit ausstrahlte, Verständnis für andere hatte und man eigentlich nur positive Äußerungen von ihr kannte.

Gisela, die ihren Beruf während dieser Zeit nicht aufgegeben hatte, hatte keine Existenzsorgen. Von Zeit zu Zeit schickte er ihr noch Geld. Allmählich wurde es weniger, so wie die Briefe und dann hörte beides ganz auf. Nur noch einmal kam ein Brief von Eduard Jones, in welchem er seine Frau Gisela um die Scheidung bat, weil er eine Frau aus Liverpool heiraten wollte.

Es tat nicht weh und deshalb machte Gisela kurzen Prozeß und willigte in die Scheidung ein. Sie war jetzt 49 Jahre alt mit einer Gesichtshaut, daß man ihr das wahre Alter nicht ansah. Sie hatte keine Angst vor der Zukunft, man mußte ja nicht verheiratet sein. Zwei Ehen fand sie, genügten. Auch die Eltern trugen es mit Fassung, obwohl eine geschiedene Frau in ihrer altmodischen Kleinbürger-Vorstellung nicht gerade das Richtige war. Aber Gisela mußte ja schließlich wissen, was sie tat. Sie hatte ja eine gute Stellung. Sie würde, wenn sie einmal ins Pensionsalter kam, eine gute Rente haben. Die ursprüngliche Befürchtung des Vaters, der mittlerweile 75 Jahre alt war, hatte sich längst gelegt. Gisela würde ihr Leben schon meistern, auch ohne Ehe.

Seit Hassan wußte, wo Gisela arbeitete, führte ihn der Weg – rein zufällig natürlich – öfter über den Marienplatz, immer um die gleiche Zeit. Wenn die Glocken des Rathauses zwölf Uhr schlugen und die städtischen Büros ringsum

Mittagspause machten, schlenderte Hassan von der U-Bahn-Haltestelle hinüber zum Brunnen.

„Es ist, als ob er es gerochen hätte", meinte seine Frau, „vielleicht hat er gemeint, eine zweite Ehe könnte nicht gut gehen, oder was er sich gedacht hat. Was hast du dir eigentlich gedacht, Hassan?" fragt sie zu ihm herüber, der schmunzelnd im Sessel sitzt und sie mit leuchtenden Augen anschaut und sich aufs Zuhören beschränkt.

Hassan zieht die Schultern hoch und dreht die Handflächen nach außen: „Nix", meint er gedehnt, „nix hab ich gedacht, ich hab nur gehofft Gisela wiederzusehen, wenn sie einkauft."

Diese Hoffnung wurde eines Tages Realität. An einem schönen Junitag setzte sich Gisela in ein Straßen-Café, um schnell ein Eis zu essen. Gerade begann sie ihr Eis zu lecken, als ein breiter Schatten über ihren Tisch fiel. Als sie Hassan vor sich sah, wunderte sie sich kaum noch. Er schien ja wohl aus ihrem Leben nicht wegzukriegen sein.

Wie recht sie hatte. Hassan ließ sich erst einmal an ihrem Tisch nieder und bestellte sich auch ein Eis.

„Ich hab mich so gefreut sie wiederzusehen", fährt er in der Erzählung fort, „und als die Uhr schlug und sie aufsprang, habe ich nochmal gefragt, wann wir uns zu einem Bierchen im Biergarten treffen. Sie hat mir schnell ihre Telefonnummer vom Büro aufgeschrieben und ist weg, so schnell sie konnte."

Noch am Nachmittag rief Hassan an und wiederholte seine Frage. Immerhin hatte er sehr genau registriert, daß Gisela diesesmal nicht „Nein" gesagt hatte zu der Einladung, also würde sie vielleicht „Ja" sagen. Genau wie Gisela ist Hassan einer der optimistischsten Menschen, die man sich vorstellen kann.

„Immer hoffen", meint er erklärend, „nie aufhören zu hoffen."

„Er ist ein begabter 'Hoffer'", lacht seine Frau, „am gleichen Abend sind wir in den Biergarten und er hat gar nicht zu fragen gewagt, warum ich diesmal seine Einladung nicht abgelehnt habe. Dann habe ich ihm von selbst erzählt. Er hat mich mit keiner Frage unterbrochen. Nur geschaut hat er. Daß er gut aussieht fand ich schon immer."

Neun Jahre war es her, daß Hassan Gisela im Fahrkurs kennengelernt hatte. Er hatte sie in der ganzen Zeit nicht vergessen und sich auch nicht zu einer festen Bindung mit einer anderen Frau entschließen können, obwohl er, unbestreitbar ein gutaussehender Mann, sicherlich keinen Mangel an Frauen-Sympathie gehabt hätte.

Eine kaum glaubliche Geschichte. Nicht daß Hassan sich in den Kopf gesetzt hätte, die Frau, die verheiratet war, und eines Tages noch einmal verheiratet war, dem jeweiligen Ehemann zu entreißen. Aber immer, wenn er sie sah, war er genauso überwältigt, wie beim ersten Mal. Gisela entsprach eben in allem Hassans Idealbild einer Frau. Aber die eigentliche Pointe der Geschichte ist die, daß Hassan nicht nur jener dritte Ehemann des Mädchens mit dem Gehfehler ist, die eigentlich eine alte Jungfer bleiben sollte. Er ist der insgesamt vierte Mann, der in Giselas Leben eine Rolle spielte, und wiederum jünger als sie, diesmal acht Jahre. Hassan versteht im Übrigen nicht, warum das in Deutschland so zur Staatsaffaire gemacht wird. In der Türkei ist es seiner Schilderung nach durchaus üblich, daß Männer ältere Frauen heiraten. Sein eigener Vater war in zweiter Ehe mit einer 13 Jahre älteren Frau verheiratet. Seine Familie war viel eher darüber befremdet, daß er eine Deutsche heiratete als darüber, daß seine Frau acht Jahre älter war als er. Die beiden sind einmal in dem Bergdorf gewesen, in dem Hassan zuhause ist, und seine Familie war freundlich und auch ein wenig scheu. Giselas türkisch ist noch mangelhaft, obwohl sie sofort einen Volkshochschulkurs besuchte. „Dort gibt es noch keine Elektrizität," beschreibt Gisela die Heimat ihres Mannes, „sie gießen Petrolium in die Lampen, und ihr Wasser holen sie aus Felsenbrunnen. Wenn man sich vorstellt, daß das bei uns auch einmal so gewesen ist... Die Luft da oben ist herrlich, es ist so hoch, daß man nach dem Iran hinüberschauen kann. Bloß auf die Dauer möchte ich da nicht wohnen." Mittlerweile heißt Gisela Frau Yuvale und das möchte sie auch, bitteschön, bis an ihr Lebensende bleiben.

An ihrem Mann soll es gewiß nicht liegen. Er ist ganz offenbar glücklich, daß er seine Gisela nun endlich bekommen hat. Er fühlt sich im Gegensatz zu seinem englischen Vorgänger wohl in Deutschland bei seiner Arbeit als Gärtner in einem städtischen Betrieb. Mit fünfundvierzig Jahren weiß ein Mann, was er will. Hassan hat es bewiesen. Wie er nach dem Interview seine Frau liebevoll am Arm die Treppe hinunter und über die Straße zum Auto führt, merkt man kaum, daß sie ein wenig hinkt. Hassan hat das genau wie Giselas andere jüngere Männer nie gestört – wie Väter sich doch irren können, gerade Väter...

4. Fallbeispiel

Gisela H., sechsunddreißig Jahre alt, Mutter einer fünfzehnjährigen Tochter, und seit kurzer Zeit Witwe, mußte von heute auf morgen am Blinddarum operiert werden. Ihre Bettnachbarin war Hilde T. Zwischen den beiden Frauen entwickelte sich in den nächsten Tagen so etwas wie Freundschaft. Gisela, noch deprimiert durch den plötzlichen Tod ihres Mannes, gab zum erstenmal seit langer Zeit dem Bedürfnis nach, sich mitzuteilen. Die Mitpatientin war nicht nur eine angenehme Zuhörerin, sondern auch ein fröhliches und aufgeschlossenes Menschenkind.

„Sobald wir wieder auf den Beinen sind, müssen Sie mich zuhause besuchen", sagte sie und überlegte insgeheim, ob sich diese sympathische junge Frau vielleicht mit dem ältesten Bruder Manfred verstehen würde. Aber die behielt natürlich diesen Gedanken für sich. „Wir sind eine komische Familie", fuhr sie lachend fort. „Wir haben eine unangenehme Eigenschaft - wer uns am Hals hat, bekommt uns nicht mehr los! Also kommen Sie und sehen Sie sich die Gesellschaft selbst an. Ich wohne übrigens schon seit zwei Jahren nicht mehr bei meinen Eltern, sondern habe eine eigene Wohnung, und meine Brüder, an denen ich sehr hänge, besuchen mich regelmäßig."

Man einigte sich darauf, die telefonische Verbindung nicht abreißen zu lassen. Dann würde man ja weitersehen.

Nach ihrer Entlassung erinnerte sich Gisela der Einladung und verabredete mit Hilde T., sie am Wochenende mit ihrer Tochter zum Kaffee zu besuchen. „Mein ältester Bruder ist auch da, er ist ein unglaublich fideles Haus. Sie werden ja sehen - ich bin ganz versessen darauf, Ihnen die Familie T. vorzustellen!"

Eine große Kaffeetafel erwartete die Gäste in der gemütlichen Junggesellen-Behausung der ehemaligen Mitpatientin. Die kleine Wohnung war nach der Ankunft der Gäste so gut wie voll. Hilde, der älteste und auch der jüngere Bruder, der noch in die Lehre ging, waren da. Martin würde allerdings nur einen Augenblick bleiben. Er wartete auf einen Kollegen, der ihn zu einer Motorradfahrt abholen wollte.

„Um ein Haar wäre ich weg gewesen", sagte Martin T. lächelnd, „was dann wohl aus dir geworden wäre?" Seine Frau lacht zurück: „Dein Bruder Manfred hat sowieso gemeint, ich hätte ihn heiraten sollen!"

„Tja", erwidert ihr Mann und zwinkert ihr zu, „da hätte er schneller aufwachen sollen. Jetzt ist alles zu spät. Seit elf Jahren schon."

Und wie ging es damals weiter?

Gisela erinnert sich sehr genau: „Ich habe mich sehr wohl gefühlt unter diesen fröhlichen Menschen und auch meiner Gabriele gefiel es gut. Ich weiß noch, es gab furchtbar viel Erdbeerkuchen mit Sahne, und wir haben sehr viel gelacht." „Obwohl ich eigentlich auf den Freund wartete, der mich abholen sollte" – fährt Herr T. fort – „war ich doch voll da. Diese neue Freundin meiner Schwester gefiel mir ausnehmend gut. Viel besser als die Tochter. Ich überlegte mir, wie alt sie sein konnte. Über dreißig mußte sie ja wohl sein mit einer fünfzehnjährigen Tochter. Obwohl die Tochter dem Alter nach für mich das Richtige gewesen wäre, verschwendete ich keinen Gedanken an sie. Ich hörte lediglich, daß sie in den nächsten Tagen fünfzehn Jahre alt würde und beschloß hinzugehen und zu gratulieren."

„Das tat er dann auch prompt", fuhr Gisela T. in der Erzählung fort, „und stand mit einem Sträußchen vor der Tür. Da habe ich ihn das erste Mal mit Bewußtsein gesehen und mir gedacht, was das für ein netter Bengel ist. Ich fand es sehr aufmerksam, daß er Gabriele gratulierte. Vielleicht hatte er sich in sie verliebt? Es hätte mich nicht gewundert. Ich rief Gabriele aus ihrem Zimmer, damit sie sich um ihren Besucher kümmert."

„Die war halt vernagelt", unterbricht ihr Ehemann sie, „ich war doch nicht Gabrieles Besuch! Aber ich brachte natürlich meine Glückwünsche an und dann ließ ich mich erstmal häuslich im Wohnzimmer nieder und kam bald in ein langes Gespräch mit der Mutter. Es war sehr gemütlich."

„Die Hilde hatte tatsächlich recht", Gisela T. feixt zu ihrem Mann herüber, „wenn man jemand von den Ts. am Halse hat, bekommt man ihn wirklich nicht mehr los."

Martin T. hatte, fürs erste jedenfalls, genau das erreicht, was er wollte, er hatte Kontakt aufgenommen. Was sich daraus entwickeln würde, wußte er selbst noch nicht so recht. Jedenfalls gefiel ihm Gisela über die Maßen, und er sah nicht ein, daß er nicht des öfteren die Gegenwart einer Frau suchen sollte, die ihm so sympathisch war. Also kam er öfter.

„Die damals fünfzehnjährige Tochter ist mittlerweile Mutter einer Tochter. Sie hat mich vor kurzem zum jüngsten Opa Deutschlands gemacht", erzählt Herr T., „sie ist ein nettes Mädchen, meine Stieftochter. Das war sie auch damals, aber mehr nicht. Ihretwegen habe ich mir jedenfalls nicht die Beine ausgerissen."

Bei der Vorwarnung durch Hilde und der offenbar angeborenen Hartnäckigkeit der Ts. konnte Gisela nicht sehr lange verborgen bleiben, worum es dem achtzehn Jahre Jüngeren ging. Sie kriegte einen Riesenschreck und sagte „nein!"

„Mir erschien das absoluter Wahnsinn zu sein", erklärte sie ihre damalige Seelenverfassung und fügt lächelnd hinzu, „wie sich Meinungen mit der Zeit doch ändern können."

Dem Charme ihres jugendlichen Verehrers konnte sie nicht lange standhalten, zumal Martin wirklich eine Menge Vorzüge aufzuweisen hatte. Hinzu kam, daß er viel erwachsener wirkte, als sein biologisches Alter das auswies. Mit ihm auszugehen brachte nirgendwo Aufsehen, weder auf der Straße noch im Restaurant. Er war ein gescheiter lebhafter junger Mann und bewies in seinem Werben um Gisela eine Menge Phantasie: Hier eine kleine Aufmerksamkeit und dort ein paar Blumen, aber, was wichtiger war, sie langweilten sich nie miteinander und stimmten in fast allem überein. Das Verhältnis dauerte, ohne daß Hilde oder der ältere Bruder sehr viel mitbekommen hätten, zwei Jahre. Als Gisela dann eines Tages schwanger wurde, mittlerweile war sie achtunddreißig Jahre alt, triumphierte der zwanzigjährige junge Vater: „Jetzt mußt du mich heiraten!"

Als er seine Mutter davon unterrichtete, daß ein Enkel unterwegs sei, setzte sich diese auf den nächsten Stuhl, aber anstatt entsetzt zu sein, konnte sie sich vor lachen kaum halten: „Du lieber Himmel, der Martin mit seinen zwanzig Jahren Vater!"

Weitere Aufregungen gab es eigentlich nicht, weder in der einen, noch in der anderen Familie. Da Gisela H. schon immer bedeutend jünger aussah als sie war, wurde auch der immerhin sehr erhebliche Altersunterschied nicht zum Anlaß langer Überlegungen. Man sah, wie gut die beiden sich verstanden, und das war allen Beteiligten vernünftigerweise das Wichtigste. Martin hatte seine Lehre, kurz nachdem er Gisela kennenlernte, abgeschlossen. Danach bereitete er sich in Abendkursen auf den Beruf des Konstrukteurs vor. Verliebt wie er war, hatte er oftmals keine Lust zu pauken. „Aber Gisela hat dafür gesorgt, daß ich bei Stange blieb."

Herr T., ein stattlicher und breitschultriger Mann, sieht sehr viel gesetzter aus als das mit einunddreißig Jahren üblich ist! Er freut sich schon auf den Herbst, denn dann begeht seine Frau den fünfzigsten Geburtstag. „Und den wollen wir ordentlich feiern!" verspricht er. Angst vor der Zukunft haben sie ebensowenig wie Angst vor der Umwelt. Der Tratsch im Kollegenkreis hat sich längst gegeben, und falls die Nachbarn etwas zu monieren haben, ist es ihnen egal.

„Ich weiß nicht, was die Leute wollen", sagt er, „ich würde meine Frau nochmal heiraten. Ich bin glücklicher verheiratet als die ganzen Familienmitglieder ringsum. Wichtig ist doch, daß man sich versteht."

Daß Gisela, zierlich und schlank, mindestens zehn Jahre jünger aussieht und man ihn gut und gern für einen Enddreißiger hält, ist natürlich angesichts der Umwelt ein optischer Vorteil, über den sich aber der Ehemann gar nicht richtig im Klaren ist. Martin T. findet seine Frau heute genauso attraktiv und liebenswert wie an jenem Samstag, an dem er eigentlich mit Gleichaltrigen zu einem Motorradausflug verabredet war.

5. Fallbeispiel

Helma und Horst waren miteinander zur Schule gegangen und sie hatten zusammen studiert. Sie waren Nachbarskinder von klein auf und immer ein Herz und eine Seele. Sie hatten sich vom Sandkasten an so aneinander gewöhnt, daß sie glaubten nicht aufeinander verzichten zu können. Die Existenz anderer Menschen anderen Geschlechts war beiden gar nicht so richtig klar geworden. Den Familien war selbstverständlich nichts lieber, als daß die Kinder heirateten. Das taten sie nach abgeschlossenem Studium. Helma hörte auf zu arbeiten, und Horst wurde Elektro-Ingenieur in der Industrie. Helma war eben sechsundzwanzig Jahre alt geworden, Horst schon zweiunddreißig, gerade der richtige Altersunterschied - alle waren sehr zufrieden.

Waren Sie verliebt in ihren Mann?

„Wir mochten uns natürlich. Wir waren aneinander gewöhnt. Aber Verliebtheit konnte man das wohl zu keinem Zeitpunkt nennen. Wir hatten eine Harmonie, von der andere Leute möglicherweise träumen. Es mag ungerecht und undankbar klingen, aber für mich wurde diese ständige reibungslose Übereinstimmung zum Alptraum, zur gähnenden Langeweile. Auseinandersetzungen gab es nie. Wir waren wie ein Ehepaar kurz vor der goldenen Hochzeit, bloß daß die vermutlich mal verliebt gewesen sind. Die Jahre vergingen, die Ehe blieb kinderlos. Auf Drängen meiner Schwiegermutter, die gerne Enkelkinder gesehen hätte, gingen wir beide zum Arzt. Das Ergebnis - Horst war zwar potent, aber zeugungsunfähig. Also würde unsere Ehe auch kinderlos bleiben. Ihm war es, glaube ich, gar nicht so unrecht. Horst war für Ruhe und Frieden. Wahrscheinlich hätte er auch Angst gehabt, mich mit einem Kind teilen zu müssen. So blieb alles schön eingefahren wie es war, vertraut, bequem und die Jahre vergingen.

Irgendwann nahmen wir meinen jüngsten Bruder in unsere Wohnung auf. Jürgen mußte vor Beginn seines Studiums am Technikum ein Volontariat absolvieren. H. ist für einen jungen Menschen in der Ausbildung ein ziemlich teures Pflaster und außerdem freute ich mich auf meinen kleinen Bruder. Mit ihm verstand ich mich immer besonders gut und jetzt erhoffte ich von seinem Aufenthalt bei uns - ich weiß nicht was - vielleicht ein wenig mehr Leben in unseren gepflegten vier Wänden.

Wir hatten schon längst ein kleines Haus bezogen, und Jochen sollte das sehr gemütliche Giebelzimmer haben.

In der Tat wurde Horst durch Jochen zu mehr Aktivitäten außerhalb des Hauses angeregt. Wir fuhren viel an die See und am Wochenende unternahmen wir häufig zusammen irgendetwas. Dank Jochens Kontaktfreudigkeit hatte er im Handumdrehen einen ziemlich großen Freundeskreis. So brachte er auch zum ersten Jahreswechsel, den er bei uns verbrachte, eine Menge Freunde mit. Horst schauderte es bei dem Gedanken, mit fünf fremden jungen Leuten Silvester verbringen zu müssen. Jahresende war für ihn Anlaß zu besinnlichen Feiern und nicht, wie Jochen es vorhatte, zu lautstarkem Gelage und Knallerei.

„Feiert ihr nur da oben bei dir", sagte er, „Helma und ich bleiben hier unten. Ich bevorzuge eine ruhige Silvesterfeier."

Da gab es keine Einwände, und Jochen war es insgeheim wahrscheinlich auch lieber so. Mir allerdings schoß es urplötzlich durch den Sinn, daß hier nicht Horst's Vorliebe für besinnliche Jahreswechsel eine Rolle spielte, sondern vermutlich auch eine gewisse Eifersucht auf die Geschwister. Wir lachten und alberten viel zusammen und haben ihn wohl, ohne es zu merken, an den Rand gedrückt. Wahrscheinlich fühlte er sich benachteiligt, seit Jochen da war. Ich beschloß, künftig mehr darauf zu achten, um ihn nicht weiter zu verletzen.

Am frühen Silvesterabend erschien Jochens Besuch, lauter wohlerzogene junge Leute, die der Hausfrau Blumen mitbrachten, sich vorstellten und sich dann brav nach oben in Jochens Zimmer verzogen. Während wir unten unsere Flasche Wein tranken und klassische Musik hörten, kam von oben das Gelächter der jungen Leute. Etwas wie Neid beschlich mich. Ich wäre zu gern mit dabei gewesen.

Nicht lange nach Mitternacht wurde Horst müde und strebte ins Bett. Ich wollte aber noch aufräumen und Geschirr und Gläser spülen. Horst schlief sofort ein. Nach der Aufräumerei zögerte ich noch etwas, aber dann ging ich kurz entschlossen nach oben zu Jochen, um noch ein wenig nachzufeiern.

Die jungen Leute begrüßten mich mit großem Hallo. Jetzt könnten sie endlich tanzen, meinten sie, und es wurde fast vier Uhr, bis der Letzte, nein der Vorletzte, gegangen war. Der Letzte war ein Kollege von Jochen, den mir dieser immer schon begeistert geschildert hat: „Ich habe noch nie eine so kameradschaftlichen und positiven Menschen kennengelernt wir Alex!" Dieser Alex blieb, als säße er auf einem Magnet. Ich muß sagen, er gefiel mir auch.

„Von jeher schwärmte ich für verheiratete Frauen", sagt Alex R. heute. „Ich fand sie immer bewunderswert. Und daß an diesem Abend eine da war, hübsch und so gescheit und sich so intensiv mit mir abgab, das schmeichelte mir ungeheuer. Ich muß wohl sehr unhöflich gewesen sein. Ich verabschiedete mich erst eine Stunde später. Es war schon früh am Morgen, fünf Uhr, als ich ging. Ich war ziemlich benebelt, weniger vom Alkohol als vor lauter widerstreitenden Gefühlen. Daß ich verliebt war, gestand ich mir damals noch nicht ein."

Helma selbst, sehr beeindruckt vom Kollegen ihres Bruders, war in den nächsten Tagen so still, daß es sogar ihrem Mann auffiel. Da sie eine gescheite Person ist, die die Dinge kritisch durchdenkt und nicht dazu neigt, sich „in die Tasche zu lügen", erkannte sie nach dieser spontanen Begegnung, wie unter einem Schlaglicht, ihre Ehesituation, diese Musterehe, die sie nie elektrisiert hatte, wie dieser junge Mann am ersten Tage des neuen Jahres.

Einige Tage später kam mein Bruder auf mich zu. „Da hast du ja was schönes angerichtet, Mädchen!" Ich erschrak ehrlich. „Wieso?"

„Den Alex hat's erwischt, er hat sich heute hemmungslos bei mir ausgesprochen. Der ist nicht nur verschossen in dich, der bildet sich auch noch ein, er kann dich kriegen. Das beste ist, du redest mal mit ihm, damit er wieder zur Vernunft kommt!"

Noch am gleichen Abend redeten die beiden miteinander. Das Resultat war allerdings wenig vernünftig, denn mittlerweile hatte auch Helma jede Vernunft verlassen. Sie erlag dem ganz neuen Gefühl, verliebt zu sein.

Die beiden trafen sich oft, zuerst heimlich und dann, da vor allem Helma Heimlichtuerei nicht ausstehen kann, sprachen sie mit Horst. Der fiel aus allen Wolken. Im angenehmen Gleichmaß seines Ehealltages war ihm die Veränderung seiner Frau gar nicht einmal aufgefallen. Nun überlegte man zu dritt, was man tun könnte. Helmas Anspruch auf eigene Kinder gab schließlich den Ausschlag – das Ehepaar trennte sich freundschaftlich. Und auch heute stehen sie telefonisch und brieflich noch in loser Verbindung.

Alex und Helma zogen zusammen und heirateten ein Jahr später. Kurz darauf wurde Helma, mittlerweile vierzig Jahre alt, schwanger. Alles hätte eitles Glück sein können. Da waren aber Alex' Eltern, niedersächsische Kleinbauern, denen die Schwiegertochter zwar gefiel, die sich aber mit dem Altersunterschied von elf Jahren nicht einverstanden erklärten. Ein neunundzwanzigjähriger junger Mann und eine vierzigjährige Frau – das fanden sie unmöglich. Besonders unmöglich war es, wenn es sich um ihren eigenen Sohn handelte. Das Paar hatte in seinem Aufrichtigkeitsdrang einen schwerwiegenden Fehler gemacht. Da Helma so jung aussah wie ihr elf Jahre jüngerer Mann, hätte man die Engstirnigkeit kleinbäuerlicher Lebensanschauung gut umgehen können. So aber wußten die alten Rs. von den „trennenden" elf Jahren und waren und blieben entsetzt. Der Sohn war doch so ein hübscher Bursche, der sicher jedes junge hübsche Mädchen bekommen hätte. Warum mußte er eine „alte Frau" heiraten? Außerdem mißfiel es ihnen in ihrer christlichen Grundeinstellung, daß der Sohn eine Ehe zerstört hatte. Aber Helma steht auf dem Standpunkt, daß eine wirklich gute Ehe gar nicht zerstört werden kann: „Wo alles stimmt, da kann kein anderer etwas ausrichten. Erst wenn die Ehe irgendwo einen Knacks hat oder schon ganz kaputt ist, kann ein dritter eindringen."

Aber das ist den alten Rs. zu hoch. Sie haben ihre eisernen Grundsätze, und dazu gehört, neben der Auffassung, daß man keine ältere Frau heiraten darf, auch die, daß man keine geschiedene Frau heiraten soll. Die alten Leute verheimlichten die Schwiegertochter lange. Noch als das Kind auf die Welt gekommen war - ein süßer, blauäugiger Junge, wurde die Ehe des Sohnes geheim gehalten. Als der junge Vater das erste Mal bei den Eltern erschien, um den Enkel zu präsentieren, mußte er jedesmal in ein Hinterzimmer verschwinden, wenn jemand vom Dorf das Haus betrat. Da er von Natur aus geduldig ist, hat er das beim ersten Besuch nach der Geburt des Kleinen noch mitgemacht. Danach hat er es sich verbeten.

Und wie verhalten sich die Schwiegereltern heute?

„Echt niedersächsisch dickschädelig. Wir ziehen es vor, sie nicht so oft aufzusuchen. Daß die Eltern uns besuchen, ist so gut wie ausgeschlossen. Man wird abwarten müssen. Vielleicht gibt es sich mit den Jahren, wenn der Kleine heranwächst und sprechen kann. Wir hoffen, daß da noch einiges Eis schmelzen wird."

Ein bedauerlicher Fall, in dem die nähere Umwelt, die Familie, auch nicht nach der Eheschließung ihre Vorurteile aufgibt. Doch es gibt noch Schlimmeres, Verbindungen, in denen der junge Mann dem Druck der Umgebung erliegt, wie in dem folgenden Fallbeispiel.

6. Fallbeispiel

„Die Werbeagentur, bei der ich als Texterin arbeitete, hatte Konkurs gemacht." erzählte Beate P. „Es war 1967 mitten in der großen Wirtschaftsrezession. Die XY-Agentur war nicht die einzige, die schließen mußte in dieser Zeit, und ich war nicht die einzige „Kreative", die von heute auf morgen auf der Straße saß. Ich war damals zweiundvierzig Jahre alt, geschieden, und für zwei schulpflichtige Kinder verantwortlich. Als Texterin wieder unterzukommen, schien nach vielen schriftlichen, persönlichen und telefonischen Bewerbungen aussichtslos. Frankfurt, eine ausgesprochene Werbestadt, wimmelte von stellensuchenden Kreativen, das heißt von Textern und Graphikern. So begann ich verzweifelt in den Stellenangeboten der Zeitungen zu suchen, aber das, was zu jener Zeit angeboten wurde, entsprach nicht meiner Ausbildung. Schon dachte ich daran, eine Stelle als Putzfrau anzunehmen, obwohl das nicht so fürstlich bezahlt wurde wie heute, da entdeckte ich in der Rubrik „Geschäftsverbindungen" eine Anzeige, die dubios genug war. Nebenverdienst wurde angeboten, intelligent sollte man sein, möglichst nicht über dreißig, kontaktfreudig und einen eigenen Wagen haben. Die Leute stellten Erfolge in Aussicht – geradezu sagenhaft. An was hält man sich nicht alles, wenn man, so wie ich damals, in der Patsche sitzt. Ich rief an und wurde bestellt. Ort der Vorstellung war eine kleine Wohnung im vierten Stock eines Geschäftshauses. In einem Büro saß ein fetter jovialer Herr mittleren Alters.

Der andere Raum mit vielen Stühlen und einem Vortragspult war ein Unterrichtsraum. Außer mir waren weitere Bewerber um den rätselhaften Job erschienen. Männlein und Weiblein unter und um die dreißig. Ich, immer für viel jünger gehalten, als ich bin, nahm mir die Freiheit zu behaupten, ich sei gerade zweiunddreißig. „Nun ja", meint der befragende Herr, „das geht ja noch gerade eben, aber ab dreißig läßt dann doch das Gedächtnis nach. Da kommt der Leistungsknick!"

Um was handelte es sich?

„Buchverkauf nach vorheriger telefonischer Anmeldung. Die hatten nach amerikanischem Muster einen von Tür-zu-Tür-Verkauf aufzubauen. Und damit sich die Bewerber nicht wie die Hausierer vorkamen, wurde ihnen ganz was Exklusives geboten: Die vorherige telefonische Anmeldung. Woher die das Anschriften-Material hatten, weiß ich bis heute noch nicht. Akademiker waren bevorzugt, denn es handelte sich um ein enzyklopädisches Wörterbuch in Englisch, vierundzwanzig Bände, illustriert, wirklich nicht schlecht, so etwas ähnliches wie die Enzyclopedia Britanica, aber in jedem Fall zu teuer. Daß es in englischer Sprache angeboten wurde, fand ich einfach unverschämt. Aber ich blieb. Ungefähr eine Woche trichterten sie uns das Verkaufsgespräch zum Auswendiglernen ein, das übrigens nach dem Schema eines gleichfalls amerikanischen Psychologen geschickt aufgebaut war. Dann wurden wir mit Probeblättchen, Bestellformularen und einem Probeband zum Anschauen auf die Menschheit losgelassen. Daß wir unsere telefonischen Verabredungen selbst zu treffen hatten, stellte sich erst später heraus. Wer es nicht schaffte, flog nach ein paar Tagen. Übrig blieben die Schnelleren und die Intelligenteren, aber auch sie samt und sonders für den Augenblick verkrachte Existenzen, die sich mit dem Mut der Verzweiflung auf diesen merkwürdigen Job einließen. Ein paar von ihnen entwickelten einen geradezu sportlichen Ehrgeiz. Unter ihnen ein junger Mann, den ich gerade eben für dreißig hielt, groß und schlank, gut aussehend. Perser hätte er sein können: Dunkles, gepflegtes Haupthaar, gestutzter Vollbart, grüne Augen – einfach ein Bild von einem Mann.

Ich betrachtete ihn als Augenweide, als mehr aber auch nicht. Er war sehr verschlossen, was sich bei näherem Hinsehen als Schüchternheit entpuppte. Es machte mir Spaß, wenn wir nach diesen Verkaufsgespräch-Kursen zu einem Kaffee ins Erdgeschoß gingen, um dort zu palavern, den „Perser" mit seinem attraktiven Äußeren aufzuziehen. „Ach Herr O., Sie mit Ihrem klassischen Profil werden doch wohl keine Schwierigkeiten haben, alleinstehende Akademikerinnen zum Kauf einer Enzyklopädie zu bewegen" u. ä. Das war wahrhaftig ohne Bosheit, sondern absolut wohlwollend. Er merkte das auch, war zwar halb geschmeichelt, aber andererseits tödlich verlegen. Es bewies, daß er im Grunde doch ein bescheidener Mensch war. Das gefiel mir. Wirklich aufmerksam wurde ich erst, als ich auf dem Nebensitz seines Uralt-VWs einen schmalen Gedichtband entdeckte. – Baudelaire. Daraufhin wurde außer meinem Vergnügen an Herrn Os. wohlgeratenem Äußeren ein wirkliches Interesse wach. Was hatte der Mann vorher gemacht? Er wirkte gut angezogen, fast elegant. Warum befand er sich hier unter den „Verkrachten"? Ich hörte auf, mit ihm herumzualbern, und wir kamen in ernsthafte Gespräche. Er war fertig ausgebildeter Betriebswirt, just mit nagelneuem Abschlußexamen. Und hinter Wohlfrisiertheit und staubfrei tadellosem Äußeren steckte ein aufmüpfiger Geist. Er hatte keine Lust, irgendeiner kommerziellen Institution als Angestellter anzugehören. Lieber wollte er, wenn auch mit Bügelfalte, gammeln. Er weigerte sich, das Berufsleben als Betriebswirt, auf das er sich – mit besten Benotungen – vorbereitet hatte, nun auch anzutreten. Mein Interesse an diesem komischen, wenn auch noch jungen Kauz wuchs. Daß er in der Tat ein noch viel jüngerer Kauz war, erfuhr ich in dem Moment, in dem unser gegenseitiges Interesse schon über die Sympathie hinauszugehen drohte. Er, der annahm, daß ich tatsächlich zweiunddreißig Jahre alt sei und ich, die ich glaubte, er sei wenigstens dreißig, unterhielten uns einmal über den Unsinn des amerikanischen Leitsatzes, daß ab dreißig der große Leistungsknick einsetze, dem die Forderung der Companie nach einem Mindestalter von dreißig Jahren zugrundelag. Dabei bekannte er, im Gegensatz zu mir, die ich mich hütete, mein wahres Alter einzugestehen Farbe - er war genau zwanzig Jahre jünger als ich, dreiundzwanzig. Abgesehen von seinem jugendlichen Freiheitsdurst und dem brennenden Wunsch zu gammeln, war er ungewöhnlich reif für sein Alter, hatte unheimlich viel gelesen, war literarisch und künstlerisch sehr beschlagen und wurde, wenn er erst einmal aus seiner schüchternen Reserve herausgelockt war, ein fabelhafter Gesprächspartner. Aber die Mitteilung seines wahren Alters drängte mich nun meinerseits etwas in die Reserve. Er hielt mich ja immer noch für nur zehn Jahre älter, was er offenbar nicht so entsetzlich fand. Ich allein wußte, daß es zwanzig waren - ausgeschlossen hier auch nur ein Techtelmechtel anzufangen.

Bis zu dem Tag, an dem er mich zu sich einlud, um eine klassische Platte zu hören - bei anderen ist es die Briefmarkensammlung, die es zu besichtigen gibt. Wir hörten tatsächlich die Platte, und bei dieser Gelegenheit entpuppte sich der junge Mann als überaus talentierter Verführer.

Wir sahen uns täglich und liebten uns sehr. Er wurde das Verkaufsgenie der Gruppe, ich deren Versager. Er verkaufte wie wild, was, wie ich schon vorausgesehen hatte, auf seinen Charme einerseits und seine zuverlässig wirkende, ernsthafte Art andererseits zurückzuführen war. Er verkaufte noch, während ich schon absprang, um es mit Taxifahren zu versuchen, bis ich endlich wieder Anschluß an die Werbung hatte, was aber noch einige Zeit dauern sollte. Und als der gute Gerhard genug verdient hatte, beschloß er endlich, seinen Top-Gammeltraum in die Tat umzusetzen: Er wollte per Bahn, Bus und auf Schusters Rappen vier Monate durch Indien strolchen. Ich beneidete ihn um diesen Plan, aber an eine Begleitung war in Anbetracht meiner Familiensituation mit zwei Kindern, die ihrem Schulabschluß zusteuerten, gar nicht zu denken. Und nach dem Abitur werden die Kinder noch lange nicht mit der Ausbildung fertig sein. Also konnte ich mir Gelüste, wie Gerhard sie ausleben konnte, von vornherein verkneifen. Ich begleitete ihn auf seinen Ausrüstungskäufen. Dann absolvierte er sämtliche Impfungen, die für eine Reise in den Orient erforderlich waren, kaufte mir rote Rosen, die ich heute noch als vertrocknete Relikte schöner Erinnerungen in einer Spanschachtel aufbewahre und stieg in den Orient-Express. Ich blieb heulend zurück.

In den vier Monaten, die er weg war, hätte ich ihn mir eigentlich abgewöhnen sollen. Aber dafür war ich schon zu gründlich und zu tief hineingeraten in diese Beziehung, die dem Zustand der Verliebtheit bereits entwachsen war. Es kamen einige Karten mit seiner hübschen kleinen Schrift. Sie kamen in großen Abständen, denn seine Reise war nicht nur voll von Eindrücken, sondern auch anstrengend. Und irgendwann zwischendurch fand er sich, schwer fiebernd, in einer Missionsschule wieder, wo man in solange pflegte, bis er sich von einer nicht ungefährlichen Darminfektion erholt hatte.

Als er kurz vor Weihnachten im gleichen Jahr zurückkam, war die Wiedersehensfreude groß. Wir zogen jetzt endgültig zusammen. Ich bewohnte mit den Kindern ein Reihenhaus an Frankfurts Stadtrand, in dem er gut und gerne auch noch Platz hatte. Und da die Kinder mittlerweile erwachsen und mit eigenen Liebschaften beschäftigt waren, glaubte ich, mir nun auch vor den Augen der Kinder eine feste Beziehung leisten zu können. Die Kinder nahmen es gelassen, zumal sie Gerhard wirklich gern mochten. Es entwickelte sich ein überaus harmonisches Familienleben. Die Nachbarn, die aufeinander sehr aufmerksam achteten, ließen uns mit ihrer kaum verhohlenen Neugier in Ruhe, als sie bemerkten, daß dieses „krumme Verhältnis" mit einem doch offenbar jüngeren Mann eheähnliche Formen annahm. Von meinem Hauswirt wurde Gerhard als 'Hausherr' behandelt. Die Nachbarn reagierten ähnlich. Wir hatten unsere schöne, ungestörte Ruhe. Nachdem er seine Freiheitsgelüste fürs erste befriedigt hatte, bequemte er sich dazu, nunmehr als Betriebswirt „einzusteigen". Ich muß sagen, diese Verbindung war, wenn auch illegal, meine glücklichste Ehe. Nur eins empörte mich in zunehmendem Maße – er hielt mich von seiner Familie fern, als sei ich aussätzig und er müsse Ansteckung für Mutter und Geschwister befürchten. Dabei sprach ich kurioserweise des öfteren mit einem O'schen Familienmitglied – per Telefon. Die Familie lebte in Heidelberg, kam aber nie nach Frankfurt, um mal nachzuschauen, wie denn die Freundin des Jüngsten aussähe. Sie respektierten seinen Wunsch, daß er „seine Liebschaft für sich alleine haben wollte." Die Mutter, der er vorgeschwindelt hatte, ich sei gleichaltrig, nannte mich „Fräulein P." und wenn mein ältester Sohn zufällig den Anruf entgegennahm, war er zwar Herr P., aber nur, weil man ihn für meinen jüngeren Bruder hielt. Das ärgerte mich ungeheuer. Ich hätte eigentlich konsequenterweise nach dem Motto handeln sollen: Wenn dich mein Ältersein stört, trennen wir uns lieber gleich.

Dazu war unser harmonisches Miteinander aber bereits zu intensiv. Ich hoffte auf die Zeit, die die Dinge ins Lot bringen würde.

Ein Jahr vor meinem fünfzigsten Geburtstag änderte sich alles: Die Kinder zogen jeweils mit Freund und Freundin zusammen. Und bei meinem guten Gerhard machten sich erste Rückzugssymptome bemerkbar. Er fand es plötzlich besser, eine eigene Wohnung zu haben, das „hielte das Verhältnis frischer". Wir lebten ja nun schon etliche Jahre zusammen. Da sein Auszug mit dem meiner Kinder zusammenfiel, war das relativ große Haus für mich allein unrentabel geworden, außerdem hätte ich allein mit meinen Erinnerungen an die zurückliegenden glücklichen Jahre nicht mehr darin leben mögen. Das

Haus gab ich auf – seine Bewohner wohnten jetzt getrennt, jeder in seinen eigenen vier Wänden. Kurz nach meinem Umzug in eine hübsche kleine Zwei-Zimmer-Wohnung lud Gerhard mich zu einer Jugoslawien-Reise ein, die ich eigentlich nicht mehr mit ihm machen wollte. Dennoch erlag ich dem alten Zauber, und wir verbrachten zwei herrliche Wochen an der jugoslawischen Adria. Diese Zeit ließ vergessen, daß wir eigentlich schon ein getrenntes Paar waren. An meinem fünfzigsten Geburtstag trennten wir uns endgültig. Meine Familie, wie es nun einmal der Lauf der Dinge sein mußte, war aufgelöst. Die Kinder wollen ihr eigenes Leben führen, aber daß sich zur gleichen Zeit auch meine „Ehe" auflöste, war zuviel. Nur die Tatsache, daß ich mich voll in die längst wieder aufgenommene Arbeit stürzen konnte, rettete mich aus finsteren Depressionen. Ich hatte damals wie heute einen großen Freundeskreis, war viel unterwegs und ging viel aus. Und ich setzte noch in die Tat um, was ich Gerhard einmal prophezeit hatte: „An dem Tag, an dem wir uns trennen, suche ich als erstes deine Mutter auf."

Das habe ich tatsächlich getan. Die Mutter, eine bildschöne alte Dame mit Humor, Güte und Lebenserfahrung, nahm mich freundlich auf. Ob sie insgeheim froh war, daß die Beziehung zwischen einer so viel älteren Frau und ihrem Sohn sich gelöst hatte, habe ich nie erfahren. Wir sprachen nicht darüber. Aber ich stehe heute, vier Jahre nach der Trennung von Gerhard, immer noch mit ihr in Verbindung. Wir telefonieren des öfteren und wenn ich durch Heidelberg komme, besuche ich sie und werde willkommen geheißen. Auch drei der fünf Schwestern kenne ich. Alle zusammen sind so herzlich, als ginge sie die Lebensauffassung ihres Bruders nichts an. Im übrigen raste Gerhard vor Zorn, als er erfuhr, daß ich meine Ankündigung tatsächlich in die Tat umgesetzt hatte. Mittlerweile hat er sich daran gewöhnt, daß ich immer noch mit seiner Familie von Zeit zu Zeit Kontakt habe.

Er hat jetzt wieder eine Freundin. Sie ist sechs Jahre älter als er und hat gleichfalls einen erwachsenen Sohn. Als sein Bruder von der neuen atypischen Verbindung des Jüngeren hörte, meinte er sarkastisch: „Ich habe gehört, daß du eine Vorliebe für 'Angegammeltes' hast."

Mein Groll hat sich gelegt – seit langem schon.

Wenn ich von anderen Frauen in meiner Lage höre, denen es im gleichen Zusammenhang besser ergeht als mir, freue ich mich für sie, wenn auch nicht ganz neidlos. Immerhin bleiben mir die vergangenen Jahre einer „glücklichen Ehe" unbenommen. Zeit ist etwas Relatives. Wieviele Menschen gibt es, die überhaupt nie eine glückliche Verbindung kennenlernten."

Von Zeit zu Zeit sehen sich die Getrennten immer wieder und sollen dem

Vernehmen nach liebevoll miteinander umgehen. Die Anziehung aufeinander scheint nie ganz geschwunden zu sein, wenngleich feststeht, daß Gerhard O., mittlerweile fünfunddreißig, nie über die Vorurteile und die damit verbundenen Ängste hinauswachsen wird, die, von wem und durch was auch immer, unausmerzbar in ihn eingepflanzt wurden.

7. Fallbeispiel

Holger M. hatte seine kaufmännische Lehre in einem eisenverarbeitenden Betrieb zwar beendet, aber immer noch fielen die Geschäftsfreunde der Firma aus allen Wolken, wenn ihnen dieser so besonders jung aussehende, große, schlanke Mann als Verhandlungspartner gegenüber Platz nahm, und dazu auch noch überaus Vernünftiges zu sagen wußte und sich außerdem als harter Verhandler erwies. Holger M. hatte sich mit der Zeit an diese Verwunderung gewöhnt, sie dauerte ohnehin nur die ersten zwei, drei Minuten um dann offenem Respekt Platz zu machen.

Als er seine Frau kennenlernte, war er bereits Assistent des Abteilungsleiters. Sehr jung, aber eben sehr tüchtig. Frau Ursula S. war Sozialarbeiterin und arbeitete vorwiegend als Bewährungshelferin für jugendliche Strafentlassene. Der Betrieb von Holger M. in D. wurde nach dem Tode des Besitzers von dessen Frau übernommen, die progressiv und sozial, wie sie war, keinen Augenblick zögerte, nicht nur Strafentlassene, sondern auch sogenannte Freigänger als Arbeitskräfte in ihrem Betrieb aufzunehmen. Das sind noch in Haft befindliche Straffällige, die sich so auf ihre Rückgliederung in die Gesellschaft vorbereiten sollen. Holger M. Anfang zwanzig, stand diesen jungen Leuten vom Verständnis her näher als sonst irgendjemand im Betrieb. Er nahm sich ihrer an und kam so zwangsläufig in Kontakt mit Frau Ursula S., einer lebhaften, gescheiten Frau von zweiundvierzig Jahren. Holger, nicht nur versierter Kaufmann und Zahlenjongleur, ist zugleich künstlerisch interessiert und malt und zeichnet selbst recht begabt. Er kam auf die Idee, für die jungen Leute in der Strafanstalt einen Mal- und Zeichenkurs einzurichten. Frau S., sehr davon begeistert, setzte sich für die Realisierung dieser Idee ein. Die Kurse liefen, wie zu erwarten war, sehr gut an, waren voll besucht und brachten die jungen Leute auf andere Gedanken.

Die Anstaltsleitung vermerkte dies mit Wohlwollen.

Wohlwollen entwickelten aber auch die beiden Initiatoren füreinander. Holger M. war sehr beeindruckt vom Wissen und der Lebenserfahrung der Älteren. Ihre Sicherheit flößte ihm Bewunderung ein. Bald waren die beiden nicht nur in der gemeinsamen Arbeit mit den straffälligen Jugendlichen zusammen zu sehen, sondern auch privat. Die Vorstellung, der um so viele Jahre Jüngere könnte in sie verliebt sein, kam Frau S. nicht einmal im Traum. Sie fand ihn ihrerseits sehr sympathisch, ungewöhnlich intelligent und reif in seinen Ansichten. Umgekehrt war auch sie von seiner Sicherheit beeindruckt, die so ganz im Gegensatz zu seinem biologischen Alter stand. „Außerdem", sagt sie heute lachend, „kam er mir gerade recht, weil ich meine Wohnung renovierte."

Der handwerklich geschickte Holger M. renovierte, was zu renovieren war, mit wahrer Begeisterung. Anschließend saßen die beiden in endlosen Gesprächen miteinander in Frau S.' Wohnung. Dies wurde mit der Zeit nicht nur zur lieben Gewohnheit - ihr Zusammensein erzeugte eine Spannung, der sich auch Ursula S. trotz aller vordergründigen Ahnungslosigkeit nicht entziehen konnte. Unterschwellig war ihr gewiß bewußt, was in ihr vorging. Jedoch die Konventionen und ihre eisernen Gesetze waren so stark, daß sie sich gelegentlichen Erleuchtungen über ihren eigenen Seelenzustand beharrlich verschloß. Bis zu jenem wunderschönen Frühlingstag, von dem heute noch beide schwärmen, als man beschloß, gemeinsam nach M. in die Gemäldegalerie Alter Meister zu fahren.

Mittlerweile war ein Jahr verstrichen. Zeit genug, um Gefühle verblassen, aber auch wachsen lassen zu können. In diesem Fall und an diesem Tag kam es zu einer Art Explosion. Man erkannte - und be-kannte gegenseitige Gefühle. Und von da an blieb das Paar zusammen. Heirat war angesichts der Umwelt, die sich nunmehr darüber verwundert, daß Frau S. sich 'so einen jungen Liebhaber leisten' konnte, nicht ins Auge gefaßt. Selbst gegen das Zusammenziehen wehrte sich Frau Ursula anfangs. Ihr Leben war nach der Trennung von einem viel älteren Partner in endlicher persönlicher Freiheit und Selbständigkeit so angenehm eingefahren, daß ihr die neue innere Bindung schon übergenug zu sein schien. Sie wollte dem keine äußere Bindung in einer Wohn- und Lebensgemeinschaft hinzufügen. Dennoch zogen sie auf Holgers Drängen irgendwann doch einmal zusammen. Zwei Jahre glücklicher 'wilder Ehe' folgten, und plötzlich fühlte sich Frau Ursula schwanger. Sie hätte angesichts ihrer vierundvierzig Jahre abtreiben können, aber sie und ihr Freund beschlossen, daß die Schwangerschaft ausgetragen werden solle, auch auf die Gefahr hin, ein mongoloides Kind zur Welt zu bringen. Die Möglichkeit einer Fruchtwasseruntersuchung gab es damals noch nicht. Und nun drängte Holger M. auf Heirat. Die Ehe wurde in aller Stille geschlossen, und der Mut zum Kind wurde mit der Freude am Kind belohnt. Frau Ursula, nunmehr Frau M., wurde mit fünfundvierzig Jahren Mutter eines kerngesunden, munteren und hübschen Buben. Es ist auch bei den Ms. wie in den meisten aller Fälle mit dem sogenannten 'verkehrten' Altersunterschied - die Umgebung hat sich allmählich daran gewöhnt. Die Angestellten des Herrn M., der mittlerweile Inhaber dreier Unternehmen ist, respektieren ihren jugendlich wirkenden Chef und dessen um so vieles ältere Frau. Ist es eine Mutterbindung?
Herr M. zögert eine Weile. „Mutterbindung? Ich weiß nicht recht - fest steht, daß ich zu Beginn unserer Beziehung sehr von meiner klugen und lebenserfahrenen Frau abhängig war. Im Laufe der Jahre bin ich, so merkwürdig das klingen mag, für sie eher so etwas wie eine Vaterfigur geworden."

Frau M. lächelt zustimmend - wenn man das Ehepaar M. einige Stunden beobachtet, stellt man fest, daß es sich hier um eine fast konventionelle Ehe handelt - Holger M., sehr entschieden, scheint absolut „der Herr im Hause" zu sein. Doch die Herzlichkeit zwischen beiden läßt nicht den Eindruck aufkommen, als ob hier ein Machtkampf stattgefunden habe. Der junge Unternehmer weiß eben, was er will, seine Entscheidungsfreudigkeit hat ihn erst zu dem gemacht, was er heute ist. Und sie, die ehemals selbständige alleinstehende Frau, ist mit solcher Begeisterung Mutter ihres lebhaften, aufgeweckten Buben, der dem Vater wie aus dem Gesicht geschnitten ist, daß ihr die neue Abhängigkeit, die nicht mehr zu erwarten war - die der Familienmutter - keine Last mehr zu sein scheint. Die Existenz des Kindes scheint die Ehe der Ms. für die Umwelt verständlicher gemacht zu haben - sie sind nun kein exzentrisches Paar mehr in der Vorstellung des Durchschnittsbürger, sondern eine regelrechte Familie und dazu, wie man deutlich erkennt, eine sehr glückliche.

8. Fallbeispiel

Als Erno W. seine spätere Frau zum ersten Mal sah, dachte er Unfreundliches. Das galt natürlich nicht ihr, sondern ihrem damaligen Mann, der leider gleichzeitig sein Lehrer war: „Daß der Kerl es fertiggebracht hat, so eine Frau zu kriegen!"

Nicht sehr respektvoll für einen Meisterschüler, der gerade von D. nach B. übergesiedelt war, um dort die Bildhauerklasse des Professors N. zu besuchen. Frau Julia dachte, als die den neuen Schüler ihres Mannes erstmals sah: „Was für ein hinreißender Bursche . . ."

Damit hatte sie ihn auch schon wieder vergessen. Die Ehe der Ns. war nach vierzehn Jahren bereits sehr abgekühlt und das Ehepaar ging getrennt seine Wege. Eingeweihte wußten das, aber Erno konnte noch nicht dazugehören, denn er war erst ein paar Tage in B. wohnhaft.

Frau Julia, eine sehr anziehende, stattlich und schön gewachsene Frau, mit slawischem Gesichtsschnitt, flammendrotem Haarschopf, hatte über Mangel an Anbetern nicht zu klagen, aber sofern Schüler ihres Mannes darunter waren, hatte sie noch keinen erhört.

Sie würde sich hüten!

Erno W. hingegen vergaß Julia keineswegs. Vorläufig beschränkten sich seine Wünsche auf Bescheidenes – er hätte sie gerne modelliert – was jedoch bei aller Bescheidenheit nach Lage der Dinge ein wahnwitziger Wunsch war, der sich nie realisieren lassen würde. Nicht einmal die Möglichkeit bestand, sich in den näheren Freundeskreis der Ns. einzuschleichen.

Zu Hilfe kamen Erno die unersättlich gefräßigen Tauben der Stadt, die über die Fahrdämme wimmelten, sich auf Dächern und Dachrinnen in Scharen niederließen und die Häuserfassaden bis zur Unkenntlichkeit verkleckerten. Den Stadtvätern war das zuviel geworden. Sie beschlossen, vergifteten Weizen zu streuen, um der Taubenplage Herr zu werden, und sie waren so unklug, dies der Bevölkerung durch die Presse mitzuteilen.

Frau Julia las es und beschloß sofort Gegenmaßnahmen. Ihr Mann gab das Geld, sie setzte es in großkörnigen, ganz und gar unvergifteten Weizen um –

sackweise. Und dann begeisterte sie die Studenten der Akademie und anderer Hochschulen zum Gegenschlag auf die taubenunfreundlichen Stadtväter. Es war wohl mehr der Jux als tatsächliche Taubenvorliebe, der die jungen Leute zum Mitmachen veranlaßte. Jedenfalls wurde eine Aktion daraus, die die Spalten der Tagespresse nicht nur in B. füllte und tatsächlich den Stadtrat resignieren ließ.
Gestrichen satt durch den N.'schen Weizen, der gezielt in allen Stadtbereichen ausgestreut worden war, hockten die Tauben auf Dächern und Mauervorsprüngen, unfähig auch nur noch ein Korn des vergifteten Weizens zu goutieren – sie konnten einfach nicht mehr!

Diese Aktion dauerte einige Tage. Sie brachte übrigens der attraktiven Professoren-Gattin zu Unrecht den Ruf ein, die Anstifterin sämtlicher folgenden Studenten-Unruhen gewesen zu sein. Die wenigen Tage genügten Erno, dem Hartnäckigen, sich seiner Angebeteten zu nähern.

Und er ließ es auf Dauer bei der Anbetung nicht bewenden.

Seine Zähigkeit muß überzeugend gewesen sein. Er bekam, was er wollte. Das Verhältnis mit dem elf Jahre Jüngeren konnte Julia N. sechs Jahre lang geheimhalten. Sie tat es mit Rücksicht auf Ernos Karriere, die unbeschadet anlaufen sollte. Er war bereits als Meisterschüler ihres Mannes hoch angesehen. Man setzte allseits große Hoffnungen in ihn – was, wie sich später herausstellte, nicht vergebens gewesen sein sollte.

In diesen sechs Jahren war die ohnehin stagnierende Ehe der Ns. vollends eingeschlafen. Jeder billigte dem anderen unbegrenzte Freiheit zu, ohne ein böses Wort darüber zu verlieren. Hätte der Professor allerdings die volle Wahrheit erfahren, wäre in diesem besonderen Fall seine Toleranz wohl nicht so groß gewesen.

Schließlich trennten sich die Ns. in Frieden. Julia verließ B., um in M. ihre russischen Sprachkenntnisse zur Dolmetscherprüfung zu vervollkommnen. Außerdem fand sie es an der Zeit, sich von ihrem jugendlichen Liebhaber zu distanzieren – denn was sollte das ganze? Sie lernte fleißig, gelegentlich suchten sie Depressionen heim, über deren Ursprung sie vergeblich nachdachte. Die Wahrheit verdrängte sie: Sie vermißte Erno, und er vermißte sie. Natürlich hatte er nicht aufgegeben. Er kam in Abständen nach M., um sie zu besuchen und da er zu spüren glaubte, daß sie ihm entglitt, fragte er sie bei einem dieser Besuche rundheraus, ob sie ihn nicht heiraten wolle. Sie betrachtete ihn voll nachsichtigen Interesses, wie man eher einen Irren betrachtet und sagte: „Du bist total verrückt geworden."

„Schau", sagte Erno, „du warst schon einmal verheiratet, ich will es auch sein."

„Das ist doch kein Grund für eine aberwitzige Verbindung."

„Wieso aberwitzig?" fragt er aufrichtig erstaunt.

„Na höre mal, schließlich bin ich elf Jahre älter als du."

„Na und?" erwiderte Erno kopfschüttelnd, „es gibt genügend Beispiele unter berühmten Leuten in der Vergangenheit und in der Gegenwart, die sich um einen solchen Altersunterschied einen Dreck scherten."

„Wir sind aber nicht berühmt."

„Ich werde es aber noch!"

Über soviel unverschämte Zuversicht mußte Julia lachen und sie willigte schließlich ein, sie würde Erno auf seinen Hausbesichtigungen begleiten. Er hatte es sich schlau ausgedachtet: Er würde in Bayern bleiben, sich ein Bauernhaus irgendwo auf dem Lande suchen und dann würde man schon weiter sehen.

Und er hatte richtig kalkuliert. Das Haus war relativ schnell gefunden, eine riesiges, schönes Bauernhaus in der Nähe von Bad Tölz, das sehr dringend der Renovierung bedurfte. Erno W. verschaffte sich hohe Anerkennung unter den Bauern, die wohlwollend registrierten, daß der „spinnerte" Künstler auch arbeiten konnte wie ein Roß. Julias Interesse am Fortgang der Arbeiten war nicht zu übersehen, und dann mußte das Haus ja auch eingerichtet werden. Bei diesem Punkt angelangt, stellte sich heraus, daß Ernos listiger Einfall nicht umsonst gewesen war. Das Einrichten des Hauses ist schließlich Sache der Hausfrau. War das Julia etwa? Nein, sie war immer noch die geschiedene Frau N. Was sollte man den Bauern sagen? Mit denen mußte und wollte man ja auch in Frieden und Freundschaft zusammenleben . . .

So wurde denn geheiratet – endlich. Elf Jahre jünger, elf Jahre älter. Die Bauern glaubten es sowieso kaum und außerdem, wenn zwei verheiratete Leute sind, dann ist sowieso alles ganz anders. Noch dazu wenn eine so aussieht wie die Julia – ein sauberes Weibsbild!

Das Ehepaar W. lebt seit Jahren in dem oberbayrischen Dorf W. und mit der Dorfbevölkerung in Einklang. Frau Julia hat gelernt, wie man Grießnockerln macht und die Bäuerinnen haben sich einen Kräutergarten nach ihrem Muster angelegt. Hinüber und herüber werden Rosenschößlinge ausgetauscht, und wenn der Erno im Sommer mal nicht draußen im Garten arbeitet, sondern oben im Dachatelier, sind die Vorübergehenden richtig beleidigt, daß sie nichts zum Schauen haben.

„Ja wo ist denn der? Man sieht ja gar nichts!" fragen sie in solchen Fällen.

„Geht halt hinauf", pflegt die Hausfrau dann zu sagen, und dieser Aufforderung kommen sie ohne zu Zögern nach. Zufrieden stapfen sie die Treppe hinauf, schauen ein wenig zu und kommen dann wieder herunter.

„Verstehen tu ich's ja nicht", sagte einer der Bauern jüngst zu Frau Julia, „ob es eine Mondlandschaft oder sonst etwas ist - aber schön ist es!"

So sind Erno und seine Frau Julia in die Dorfgemeinschaft voll mit einbezogen. Erno ist zufrieden, weil er hat was er haben wollte. Jetzt kann er arbeiten. Seine Plastiken haben in vielen deutschen Städten einen Platz. Die kunstverständige Frau Julia ist seine wichtigste Kritikerin und seine beste Gesprächspartnerin, wenn er künstlerische Ideen konzipiert. Sie verfügt über ein ausgezeichnetes Gedächtnis, aber daß sie einmal eine so ängstliche Nein-Sagerin war, hat sie fast vergessen.

9. Fallbeispiel

Sybille S. verflucht den seit zwei Tagen niederströmenden Regen, der ihr den Urlaub verdarb und greift resigniert nach einer Illustrierten. Schon nach wenigen Seiten hat sie sich festgelesen. Die Fotoreportage über einen querschnittsgelähmten jungen Mann läßt sie ihren eigenen Verdruß ganz vergessen. Der Gelähmte auf dem Foto wirkt sehr sympathisch. Spontan setzt sie sich hin und schreibt einen Brief, von dem sie hofft, daß er ihn aufmuntert.
Die Antwort ist nach vier Tagen da. Eine begeisterte Antwort des unglücklichen jungen Mannes, der hier einen Ausweg aus seiner Isolation sieht.

Es entwickelt sich ein Briefwechsel und schon nach Ablauf des dreiwöchigen Urlaubs in Österreich meldet sich bei Sybille der junge Hamburger zum Besuch in München an. Ein paar Tage später holt sie ihren Gast vom Bahnhof ab. Er wird im Rollstuhl gefahren von einem jungen Mann, der mit der Pflege Querschnittsgelähmter seinen Ersatzdienst ableistet.

Es folgen ein paar turbulente Tage, denn Harald F. in dem verständlichen Wunsch, die Verbindung zu dieser jungen und noch dazu hübschen Frau zu halten, machte Sybille einen Heiratsantrag. Damit ist die Verbindung zum Scheitern verurteilt. Zu einer Freundschaft wäre Sybille bereit gewesen, an Ehe hatte sie nie gedacht. Beider Unbefangenheit ist nach der entscheidenden Aussprache dahin. Harald F. mit seinem Begleiter kehrt nach Hamburg zurück. Seine Briefe kommen danach nur noch spärlich und bleiben dann ganz aus.

Stattdessen schreibt eines Tages – inzwischen sind drei Monate vergangen – der Begleiter des gelähmten Harald, Michael E. Auch er kündigt seinen Besuch in München an. Sybille kann sich sehr wohl an den gutaussehenden jungen Mann erinnern, der damals stets im Hintergrund geblieben war. Er war ihr sehr freundlich erschienen, aber vor lauter Problematik mit Harald hatte sie ihn so gut wie gar nicht beachtet. Sollte er ruhig kommen. Er wollte Freunde besuchen, hatte er geschrieben. Gut, dann war sie die Verpflichtung los, ihm München zeigen zu müssen.

Michael E. kam pünktlich und besuchte keineswegs Freunde – das war nur ein Vorwand gewesen. So zeigte Sybille ihm doch München und nicht einmal ungern. Besucher aus Hamburg schienen es grundsätzlich eilig zu haben stellte sie bereits am zweiten Tag von Michaels Anwesenheit fest – denn auch er erklärte ihr seine Liebe. Als im Verlauf des Gespräches herauskam, daß er statt der zwei bis drei vermuteten, zehn Jahre jünger war als Sybille, winkte diese entschieden ab. Dennoch verlief der Abschied sehr viel anders als seinerzeit mit Harald. Michael würde wiederkommen, das stand fest, und sie hatte nichts dagegen. Michael rief täglich von Hamburg aus an. Er schickte Blumen, er kam mindestens zwei Wochenenden im Monat angeflogen. Als Sohn vermögender Eltern hatte er ausreichend Taschengeld für solche Extratouren. Mit der Zeit machte er sich unentbehrlich. Sybille wartete bereits auf seine Besuche – sie begann nicht nur, sich an Michael zu gewöhnen, sie hatte ihn liebgewonnen.

Nach der Ableistung seiner Ersatzdienstzeit stellte Michael seine Eltern vor vollendete Tatsachen: Er würde nach München ziehen und dort seinen erlernten Beruf als Versicherungskaufmann ausüben. Basta. Verstörte Fragen der Eltern nach den näheren Gründen überhörte er geflissentlich. Mittlerweile wissen die Eltern, daß ihr Sohn mit einer um zehn Jahre älteren Frau zusammenlebt und sind entsetzt.

„Warum denn das?" und „Konntest du kein junges Mädchen kriegen?" und was Eltern in solchen Fällen an Entsetzensausrufen sonst noch auszustoßen pflegen.

Michael und Sybille S. wollen heiraten, sobald er beruflich soweit ist. Die Mitbewohner im Münchner Hochhaus haben noch gar nicht bemerkt, daß Herr E. soviel jünger ist als Frau S. Außer „Guten Morgen" und „Guten Abend" unterhalten die beiden keine Kontakte zu den Nachbarn. Die wenigen guten Freunde finden nichts dabei, die Kollegen wissen nichts, Sybilles Mutter hat resigniert: „Du mußt wissen, was du tust."

Sybille S. weiß es genau.

10. Fallbeispiel

„Da schau einmal, Großmutter, der Bub dort drüben, der würde mir gefallen. Wenn ich wüßt', daß der mich möchte, auf den würd' ich warten!" sagte die fünfzehnjährige Anna, die mit ihrer Großmutter auf dem Feld Kartoffeln hackte. Versonnen schaute sie einem schmucken, etwa dreizehnjährigen Schulbuben nach,welcher ahnungslos, daß er beobachtet wird, in geringer Entfernung über den Feldweg läuft.

Annas ebenso resolute wie verblüffte Großmutter versetzte ihr spontan einen kurzen Schlag auf den Mund: „Bist du wohl gleich ruhig? Ja, wie gibt's denn sowas?"

Drei Jahre später, der Zwischenfall war längst vergessen, weil der nette Bub aus dem Nachbardorf nie mehr auftauchte, ging Anna, inzwischen eine bildhübsche Achtzehnjährige, zum Bäcker. Als sie die Bäckerei wieder verließ, bemerkte sie nicht, daß ein lebhafter dunkelgelockter junger Mann ihr interessiert nachschaute. „Wer war denn das?" erkundigte sich der Wastl beiläufig bei der Bäckerin, die ihm arglos Auskunft gab.

Gleich am nächsten Tag wußte der Wastl es so einzurichten, daß er beim Mittagläuten in der Nähe des Anzendorfer Anwesens herumsteht – ganz zufällig natürlich . . . Und tatsächlich erscheint eine Viertelstunde später das Annerl.

Mit zwei, drei Schritten ist er an ihrer Seite: „Du bist doch die Anzendorfer Anna, stimmt's?"

„Da hab ich einen Schrei getan" – erzählt die Anna von damals, heute eine heitere, weißhaarige alte Dame von neunundsiebzig Jahren, „ich hab ihn doch gleich wiedererkannt, das war der, den ich auf dem Feld gesehen hatte!"

Der Wastl, dem es nunmehr, drei Jahre später, genau so ergangen war mit der „Liebe auf den ersten Blick", wie damals der Anna, hatte nur den einen Wunsch, den Kontakt nicht mehr abreißen zu lassen.

„Hast Lust heut abend mitzugehen zum Tanz?" fragte er tollkühn. Nachdem sie sich noch ein wenig zierte, wie das eben schicklich war, und nachdem die Eltern es erlaubt hatten, die viel später erfuhren, daß der stattliche breitschultrige junge Mann erst sechzehn Jahre alt war, gingen sie zum Tanz und ließen sich von da an nicht mehr aus den Augen. „Fünf Jahre sind wir miteinand „dackelt", sagt die alte Dame verklärt in der Erinnerung, „dann haben wir geheiratet, obwohl der Wastl nicht viel Geld hatte – aber glauben's – ich hab gemeint, ich bin die glücklichste Frau auf der Welt."

Vorher aber hätten noch Neider aus der Nachbarschaft dem Paar gern Knüppel zwischen die Beine geworfen.

„Geh, Bäuerin, daß du deine Tochter einem gibst, der jünger ist und noch dazu ein Lutherischer . . ."

„So?" fragt die Anzendorferin barsch zurück, „ist das vielleicht ein Charakterfehler?"

Danach war Ruhe, und es konnte geheiratet werden.

Die fünf Kinder aus dieser vorbildlich glücklichen Ehe haben zusammen wiederum zwölf Kinder. Den Mädchen unter ihnen gibt die alte Dame einen Ratschlag, der aus ihrer eigenen glücklichen Erfahrung stammt, und den sie ihrerseits schon von ihrer – offenbar sehr aufgeschlossenen – Großmutter hat:

„Kind, heirate keinen, der auch nur eine Stunde älter ist als du!"
Und lächelt verschmitzt dazu.

Einzelinterviews zum Thema „Weibliche Sexualität nach dem fünfundvierzigsten Jahr"

Die Frauen über fünfundvierzig, die sich zum Interview stellten, gehörten zum Teil in die Gruppe jener Frauen, die mit jüngeren Männern befreundet oder verheiratet sind. Sie waren samt und sonders in guter körperlicher Verfassung, die meisten schlank, alle sehr gepflegt, fast alle sahen jünger aus und wirkten sehr selbstbewußt.
Alle äußerten sich dahingehend, daß sie sexuelle Beziehungen nach fünfundvierzig für selbstverständlich und unerläßlich hielten.

Frau M. eine sehr attraktive Endfünfzigerin, schlank, sehr gut gewachsen, silberhaarig, sagt dazu: „Ich finde zwar, daß Anziehung etwas mit gepflegter Erscheinung zu tun hat, aber vermutlich ist das, was man Ausstrahlung nennt, noch viel wichtiger. Ich habe meine Haare nicht gefärbt, weil ich finde, daß gefärbte Haare, Falten, die man natürlich hat, noch auffälliger machen. Aber deswegen habe ich nicht weniger Chancen. Und ich nehme sie wahr, wenn der Mann, der um mich wirbt, mir gefällt. Ich bin seit zehn Jahren geschieden. Wieder heiraten möchte ich nicht. Das Maß an Freiheit, das ich seit Beendigung meiner Ehe kennengelernt habe, und die Erholsamkeit, alleine zu wohnen, möchte ich nicht wieder aufgeben. Ich finde es auch viel spannender, sich ab und zu zu besuchen. Man kann ja auch tageweise zusammenwohnen in der Wohnung des einen oder des anderen. Aber dann muß man sich wieder voneinander erholen können. Vielleicht ist das überhaupt das Geheimnis für eine glückliche Verbindung, daß man sich nicht unentwegt auf der Pelle sitzt. In der Ehe kriegt man sich doch bald über, wenn man täglich so nah beieinander ist."

Frau S., achtundvierzig Jahre alt, hat einen achtundzwanzigjährigen Sohn, der sie despektierlich wie eine ältere Schwester behandelt. Er nennt sie auch beim Vornamen. Er ist das Verwechselspiel schon von den ersten Schuljahren her gewohnt. Damals wurde seine unglaublich jung aussehende Mutter ständig für die „große Schwester" gehalten. Ihrer Mutter ging es genauso. Sie gibt zu, mit gleichaltrigen Männern Schwierigkeiten zu haben. Sie schätzt die größere Vitalität eines jüngeren Mannes. Allerdings genügt ihr das allein auch nicht. Sie will mit einem Mann „reden" können. „Ein Mann, von dem ich vom Kopf her nichts profitieren kann, nützt mir nichts", sagt sie. Daß Sexualität für Frauen ab fünfundvierzig uninteressant werden solle, findet sie lächerlich. „Im Gegenteil! Wenn man nicht dauernd Angst haben muß, schwanger zu werden, kann man doch endlich in Ruhe lieben."

Frau S., gleichfalls achtundvierzig Jahre, ist vom Scheitel bis zur Sohle der Typ der unauffälligen Dame, gut angezogen, reserviert, von tadelloser Haltung und besten Manieren. Sie ist gebürtige Ungarin, hat hier geheiratet und ist seit einiger Zeit wieder geschieden – gottlob – wie sie sagt. Sie wirkt äußerlich kühl und man ist um so überraschter, wenn sie ihre Thesen zum Besten gibt:

„Ich verstehe nicht dieses ewige Gejammere von den frigiden oder von Orgasmusschwierigkeiten geplagten Frauen. Entweder soll die strenge Erziehung schuld sein, oder der ungeschickte Mann. Ich bin überaus streng und sehr katholisch erzogen worden, und ich bringe es bei aller Bedürftigkeit nach Sex (hier stutzt man bereits) nicht fertig, etwas anderes als monogam zu sein. Der Partner, mit dem ich eine körperliche Beziehung habe, ist, für die Dauer der Beziehung zumindest, mein einziger Partner. Ohne Liebe könnte ich mich nicht mit einem Mann körperlich einlassen. So Gelegenheitsverhältnisse – unmöglich. Das scheitert an meiner Erziehung und wohl auch an meiner Mentalität. Aber Orgasmusschwierigkeiten? Hören Sie, das ist ja lächerlich! Ich finde, so ungeschickt kann gar kein Mann sein, daß ich nicht zum Höhepunkt käme – und nicht nur einmal! Das müssen doch Märchen sein, was man so liest! Also mir war noch nie ein Mann in dieser Hinsicht zu anstrengend."

Feuer hinter kühler Verschalung – wenn alle Ungarinnen mit einem so heftigen Temperament und einer so unkomplizierten Reaktionsfähigkeit gesegnet sind, kann man sie nur beneiden. Frau S. glaubt, daß Sexualität das ganze Leben lang notwendig ist und deshalb auch ein ganzes Leben lang anhält.

„Bloß, je älter man wird, desto unfähiger werden ja die Männer, wenn sie nochmal älter sind", klagt sie. „Sie können eines Tages nicht mehr, wie man es als Frau gerne hätte."

Einen jüngeren Mann hat sie noch nicht zum Liebhaber gehabt. Sie glaubt, kein Typ für junge Männer zu sein. „Auf mich ist noch nie ein jüngerer Mann zugekommen. Die Alten halten mich für das Non plus ultra. Aber sie selbst sind es in der einen so wichtigen Hinsicht nicht."

„Ab vierzig ist jeder für sein Gesicht selbst verantwortlich", sagt Frau H., einundfünfzig Jahre, als die Sprache auf das gut erhaltene Aussehen der Frau nach fünfundvierzig kommt. „Ich habe mal irgendwo gehört, daß die Fähigkeit, sich mit seinen Lebensumständen einverstanden zu erklären, einen nicht richtig altern läßt. Also ich meine nicht, faltenlos, sondern, Sie verstehen schon, nicht verbittert oder schmallippig oder so. Ich glaube, da ist etwas dran. Ich habe es nicht einfach gehabt im Leben. Meine Ehe war nicht gut, aber ich finde das Leben trotzdem schön. Es ist gerade recht so wie es ist. Auf Sexualität möchte ich allerdings nicht verzichten müssen und das brauche ich auch nicht. Ich bin zur Zeit sehr gut befreundet, gleichfalls mit einem Witwer. Heiraten wollen wir nicht. Seine erwachsenen Kinder würden etwas dagegen haben, und warum auch?"

Man glaubt Frau S. ihre Grundsätze. Sie ist eine heitere Frau, die offenbar mit jedem Menschen guten Kontakt bekommt. Sie wirkt umgänglich, sehr positiv auf das Gegenüber eingestellt und ihre einundfünfzig Jahre glaubt man ihr kaum.

„Für mich ist es wichtig zu wissen, ob Straßenarbeiter noch hinter mit herpfeifen", sagt Frau P., fünfzig Jahre alt, lachend.

Straßenarbeiter?

„Ja, das mag ganz verrucht klingen. Mißverstehen Sie mich nicht. Das soll nicht heißen, daß ich mich mit allen Männern einlassen will, die hinter mit herpfeifen. Aber wenn aus einer Baugrube oder von einem Gerüst hinter einer Frau hergepfiffen wird, dann gilt das ihrer sexuellen Ausstrahlung. Auf seelische oder geistige Werte kommt es den hinterdreinpfeifenden Arbeitern doch nicht an. Die sehen nur, was zum Anfassen ist – und wenn sie es nicht zum Anfassen fänden, dann würden sie nicht pfeifen."

Eine einleuchtende Logik – und wie folgern Sie nun weiter?

„Daß ich neben meiner möglichst persönlichen Ausstrahlung meine sexuelle Anziehungskraft noch nicht verloren habe. Es macht mich vergnügt, das zu wissen und irgendwie zufrieden."

Machen Sie Gebrauch von dieser Anziehungskraft?

„Natürlich. Wenn mir ein Mann gefällt, dem ich auch gefalle, das merkt man schnell, dann flirte ich mit großem Vergnügen. Mein Mann ist allerdings eifersüchtig."

Wie alt ist Ihr Mann?

„Fünfundvierzig Jahre, aber unheimlich agil. Wir sind glücklich verheiratet."

Frau T. ist wieder das Beispiel einer Frau mit Ausstrahlung, jugendlicher wirkend als ihr biologisches Alter und – mit einem jüngeren Ehemann verheiratet.

Auf die Bitte um ein Interview zu der Frage weibliche Sexualität nach fünfundvierzig, ein in das Thema „Altersunterschiede" eingebettetes Nebenthema, meldeten sich ausschließlich Frauen, die „sich sehen" lassen konnten. Es ist zu bezweifeln, daß die befragten Frauen nur von der Natur aus bevorzugte Frauen waren. Vielmehr ist zu überlegen, wie weit die innere Einstellung die äußere Erscheinung eines Menschen bestimmt. Alle befragten Frauen - es waren mehr als die hier zitierten - hatten kein verbogenes oder eingeschränktes Selbstbewußtsein. Die meisten waren alleinstehend durch Scheidung oder Tod des Ehemannes. Sie alle empfanden sich nicht als isoliert. Sie alle überlegten nicht einen Moment, ob sexuelle Beziehungen in ihrem Alter etwa unschicklich wären. Sie fanden, im Gegenteil, daß ihnen Sexualität zustehe und sie machen Gebrauch von diesem Recht. Keine von ihnen wirkte verbittert oder unzufrieden. Mit zwei Ausnahmen standen alle im Beruf. Gerade letztere Tatsache scheint wichtig im Zusammenhang mit dem gesunden Selbstbewußtsein dieser Frauen. Sie bestätigten samt und sonders die Feststellung der in vorangegangenen Kapiteln zitierten wissenschaftlichen Autoren in der Praxis.

Literaturverzeichnis:

Bachofen, J. J., Mutterrecht und Urreligion, Leipzig, 1931

Beauvoir, de Simone, Das andere Geschlecht, Hamburg, 1961

Blohmke, M., Der alternde Mensch im Betrieb, Stuttgart 1971 Sonderdruck aus Bd. 44 „Arbeitsmedizin, Sozialmedizin, Arbeitshygiene"

Blohmke, M., Effektivität und Effizienz in der Rehabilitation - neue Aufgaben für die Forschung -, „Deutsche Rentenversicherung" Heft 3/76

Blohmke, M., B. Korroschek, O. Stelzer, H. Schaefer, Epidemiologische Studie über koronare Herzkrankheiten an berufstätigen Frauen und Männern im Alter von 40 - 59 Jahren, Sonderdruck aus „Medizinische Klinik", 67. Jhrg., H. 41/72

Borelli, Siegfried, Gibt es ein Klimakterium virile? Das Sexualverhalten des älteren Mannes und seine Störungen, „Der informierte Arzt", Jhrg. 6, H. 9/78

Borelli, Siegfried, Hermann J. Vogt, Sexualstörungen des Mannes, Sonderdruck „Sexualmedizin" H. 6/77

Bovenschen, Silvia, Die imaginierte Weiblichkeit. Exemplarische Untersuchungen zu kulturgeschichtlichen und literarischen Präsentationsformen des Weiblichen, Frankfurt/M. 1979

Brenner, Charles, Grundzüge der Psychoanalyse, Frankfurt/M, 1961

Bühl, Wolfgang, Eros mit grauen Schläfen, Stuttgart, 1961

Chamisso, Adalbert von, Sämtliche Werke, München, 1975

Deschner, Karl Heinz, Das Kreuz mit der Kirche, München, 1977

dpa, Mädchen im Drillich stehen ihren Mann, Süddeutsche Zeitung, (14. 2. 1979)

Dröge, Annette, Sexualität und Herrschaft, Münster, 1976

Duden, Barbara, Das schöne Eigentum, Frankfurt/M, 1978

Eisner, B. G., Zurück ins Paradies, Wien/Hamburg, 1972

Evola, Julius, Methaphysik des Sexus, Stuttgart, 1962

Fischer Fabian, Siegfried, Mit Eva fing die Liebe an, Oldenburg, 1964

Franke, M., Frühere Lebensweise von Hundertjährigen und älteren Patienten, Sonderdruck aus „Ärztliche Praxis", XXVI, Jhrg. H. 77/1974

Franke, M., Was lehren uns Hundertjährige? - Zum Problem des Alterns - Sonderdruck des Vortrags vor der polytechn. Ges. e. v., Frankfurt/M, 1974/75

Freud, Sigmund, Das Unbehagen in der Kultur, Frankfurt/M, 1958

Freud, Sigmund, Sexualtheorie, Frankfurt/M. 1958

Friedan, Betty, Der Weiblichkeitswahn, Hamburg, 1966

Friedel, Marion, Vor Anker bei der Insel der Frauen, Quick, H. 2/79

Sir Galahad, Mütter und Amazonen, Berlin, 1975

Gergely, St. M., Wie der Mann entsteht, Süddeutsche Zeitung (17. 11. 1978)

Greenblatt, R. B., Menopause und Andropause - Ein Plädoyer für die hormonelle Substitution, „Sexualmedizin", Jhrg. 6, H. 4/1977

Greer, Germaine, Der weibliche Eunuch, Frankfurt/M, 1971

Hemling, Heinz, Partnerwahl, Partnerschaft, München, 1977

Hippel, Theodor von, Über die bürgerliche Verbesserung der Weiber, Frankfurt/M, 1977

Hite, Shere, Das sexuelle Erleben der Frau, München, 1977

Höck, Wilhelm, „Nur ein unvollkommenes Tier" - zur Psychologie des Hexenwahns und der männlichen Macht, München, 1978

Hofstätter, Individuum und Gesellschaft, Berlin, 1972

Huizinga, J., Homo Ludens, Hamburg, 1962

Illies, Joachim, „M. Partmann, J. Gebes, J. Bachofen", Zürich, 1975

Kindermann, Heinz, Handbuch der Kulturgeschichte, Potsdam, 1938

Kindermann, Heinz, Handbuch der Kulturgeschichte, Hrsg. Thurnher, Frankfurt/M 1966

Kinsey, Alfred, C., Das sexuelle Verhalten der Frau, Frankfurt/M 1953

Kronhausen, Phyllis u. Eberhard, The sexually responsive woman, New York, 1965

Lehr, Ursula, Gesundheitsprobleme der weiblichen Bevölkerung, Frechen, 1969
Lehr, Ursula, Die Frau in Familie und Beruf, „Psychologie Heute", 5/1975
Lehr, Ursula, Das Problem der Sozialisation geschlechtsspezifischer Verhaltensweisen, Darmstadt, 1974
Malinowski, B., Das Geschlechtsleben der Wilden in Nord West Melanesien, Leipzig, Zürich, 1929
Malinowski, B., Mutterrechtliche Familie und Ödipuskomplex, Wien, 1924
Malinowski, B., Sex Culture and Myth, London, 1963
Master u. Johnson, Die sexuelle Reaktion, Frankfurt/M, 1967
Mead, Margaret, Geschlecht und Temperament in primitiven Gesellschaften, Hamburg, 1959
Mead, Margaret, Jugend und Sexualität in primitiven Gesellschaften, München, 1976
Mead, Margaret, Leben in der Südsee, München, 1965
Mead, Margaret, Das Verhältnis der Geschlechter in einer sich wandelnden Welt, Stuttgart, 1955
Millet, Kate, Sexus und Herrschaft, München, 1974
Mitscherlich, Maragrete, Das Ende der Vorbilder, München, 1978
Möbius, Paul J., Über den physiologischen Schwachsinn des Weibes, Halle, 1904
Peterson, James, Love in the later years, New York, 1975
Peuckert, Will-Erich, Ehe, Weiberzeit, Männerzeit, Hamburg, 1955
Pilgrim, Volker E., Der Untergang des Mannes, München, 1973
Plack, Arno, Die Gesellschaft und das Böse, München, 1967
Reutter, Renette, J., Ehe, altes Spiel mit neuen Regeln, München, 1973
Richter, Horst E., Flüchten oder Standhalten, Hamburg, 1975
Richter, Horst E., Lernziel Solidarität, Hamburg, 1974
Rosemayr, L. u. H., Der alte Mensch und die Gesellschaft, Hamburg, 1978
Rubin, Isadore, Sex nach Sechzig, München, 1971
Rubrik: Der Pascha des Monats, EMMA, 1/78
Rubriken: „Bekanntschafts- und Heiratsanzeigen", Süddeutsche Zeitung, Wochenendausgaben v. I/75 – III/79
Savramis, Demosthenes, Das sogenannte schwache Geschlecht, München, 1972
Savramis, Demosthenes, Entchristlichung und Sexualisierung, München, 1973
Sieber, Georg, Zwischen schicken reichen Frauen kommt es zu einem absonderlichen Wettbewerb, Münchner Stadtanzeiger, 60/5. 8. 77
Schubert, René, Flexibilität der Altersgrenze, Nürnberg, 1968
Schwab, Karl-Heinz, Ehe und Familie im Lichte des Gleichberechtigungsgesetzes, Erlangen, 1958
Schwarzer, Alice, Der kleine Unterschied und seine großen Folgen, Frankfurt/M, 1977
Statistisches Bundesamt, Wiesbaden, Bericht über das Gesundheitswesen, Reihe 4, Todesursachen, Stuttgart/Mainz, 1976
Statistisches Bundesamt, München, Bericht über das Bayerische Gesundheitswesen, Bd. 84, München, 1977
Statistisches Bundesamt, Bayerisches, Tabellen: Natürliche Bevölkerungsbewegung im Land Bayern, Eheschließungen, Ehescheidungen, München, 1977
Stollberg, Erhard, Die Büßende, Meersburg/Leipzig, 1933
Tümmers, Hannelore, Sexualpsychologische Aspekte der Sexualität im Alter, Köln/Wien, 1976
Weininger, Otto, Geschlecht und Charakter, Wien, 1904
Wenderlein, Mathias, Intelligenz und Sexualität der Frau, „Sexualmedizin", 5/76
Windmöller, Eva, Ehen in Deutschland, Hamburg/Düsseldorf, 1971
Winnicott, Donald, Vom Spiel zur Kreativität, Stuttgart, 1973
Wollstonecraft, Verteidigung der Rechte der Frauen, Bd. I u. II., Zürich, 1976
Zuschriften: Hat die Emanzipation die Männer verändert?, Playboy-Forum, Playboy, 1/79